Antje Bostelmann

Aktionstabletts – Muster in Licht und Schatten

33 Ideen für die ästhetische Bildung im Kindergarten

Impressum

Aktionstabletts – Muster in Licht und Schatten
33 Ideen für die ästhetische Bildung im Kindergarten

Autorin
Antje Bostelmann

Fotos
Barbara Dietl

Lektorat
Stefanie Barthold

Gestaltung
Sebastian Vollmar

Druck
Optimal Media, Röbel/Müritz
Gedruckt auf chlorfrei gebleichtem Papier

Verlag
Bananenblau – Der Praxisverlag für Pädagogen
E-Mail: info@bananenblau.de
www.bananenblau.de

ISBN 978-3-946829-60-7

Die Fotos wurden in der Klax Vorschule Regenbogenhaus in Berlin aufgenommen.

Inhalt

Vorwort

Im Kindergarten gibt es viele Lernarrangements. Einladend gestaltete Räume und neugierig machende Spielmaterialien wirken verlockend und haben eine hohe Anziehungskraft auf die Kinder. Die pädagogischen Fachkräfte sorgen dafür, dass jede Facette der kindlichen Persönlichkeit genug Anregung erfährt, um sich zu entwickeln, Wissen und Fähigkeiten zu erlangen sowie soziale Kompetenzen auszubilden. Ein wichtiges Ziel ist aber auch, den Kindern die Möglichkeit zu geben, ihr eigenes Lernen zu beobachten, zu reflektieren und es selbst zu regulieren. Damit dies gelingt, braucht es fest in den Alltag eingebaute Phasen der Selbstüberprüfung und der Reflexion.

Das Prinzip der Lerntabletts – auch Arbeitstabletts genannt – unterstützt selbstständiges Lernen und die Selbsterkenntnis über den eigenen Lernstand.

Lerntabletts geben dem Kind einen klar abgegrenzten Rahmen, in dem es eine Aufgabe vorfindet, sie erkennen und lösen kann. Es kann den eigenen Lösungsweg nachvollziehen, die Lösung überprüfen und noch einen Schritt weiter gehen, indem es selbst neue Aufgabenstellungen aus dem angebotenen Materialarrangement heraus entwickelt.

Die Kombination von Arbeitstabletts mit den Zielen und Methoden der ästhetischen Bildung ist das Thema dieses Buches. In den Klax Kindergärten in Berlin haben wir untersucht, wie Lerntabletts durch eine besonders ästhetische Gestaltung und sinnliche Aufbereitung die Aufmerksamkeit der Kinder binden. Für das Buch haben wir eine Reihe von Möglichkeiten entwickelt, um die aus unserer Sicht wesentlichen Faktoren zu kombinieren: die ästhetisch-sinnliche Gestaltung des Lernmaterials, das Erlebbarmachen von Naturphänomenen, das Training von Fingerfertigkeit und Konzentrationsvermögen sowie die Entwicklung von sozialen Fähigkeiten wie Empathie, Teamfähigkeit, Geduld, Rücksichtnahme und Reflexionsvermögen.

Ästhetisch schöne und sinnlich gestaltete Lerntabletts ausschließlich in den Bereich der Kunstpädagogik einzuordnen, greift zu kurz. Die anregende Gestaltung von Lernmaterial sorgt bei den Kindern für Faszination und Anziehungskraft. Diese Erkenntnis lässt sich auf fast alle Bildungsbereiche übertragen und kommt auch im Kontakt mit naturwissenschaftlichen Themen zum Tragen.

Mit diesem Buch möchte ich Ihnen als frühpädagogischen Fachkräften Ideen und Hintergrundwissen zur Verfügung stellen, damit Sie durch bewusste Gestaltung von Raum und Material das Lernen der Kinder anregen. Die Beispiele helfen Ihnen dabei, für Kindergartenkinder reizvolle und faszinierende Lernerlebnisse zu schaffen. Wie immer würde ich mich freuen, liebe Leserinnen und Leser, mit Ihnen über das Thema und die Ideen dieses Buches ins Gespräch zu kommen.

Antje Bostelmann
Januar 2021

Faszination Lernen

Über ästhetische Bildung

In der ästhetischen Bildung geht es darum, die Wahrnehmung der Welt als Ausgangspunkt von Lernen zu verstehen und sich dies in der Anregung von Lernprozessen zunutze zu machen. Es fällt uns leichter, uns auf eine Lernherausforderung einzulassen, wenn das Thema oder der Gegenstand, um den es dabei geht, uns fasziniert und neugierig macht. Besonders im Kindergarten gelingt dies über die Anregung der Sinne – durch Farben, taktile Reize, Gerüche und die emotionale Anbindung der Kinder. Lernarrangements sollen neugierig machen und die Kinder dazu verlocken, die Dinge ganz genau zu betrachten, kleine Details wahrzunehmen und Zusammenhänge zu erkennen. Deshalb ist es so wichtig, Räume und Materialien für die Bildungsangebote im Kindergarten ansprechend und sorgfältig zu gestalten.

Pädagogische Fachkräfte in Kindertageseinrichtungen sollten in der Lage sein, ästhetische Momente im Alltag zu erkennen und gemeinsam mit den Kindern zu erleben. So ein Erlebnis ist nicht immer planbar – manchmal muss man eine geplante Tätigkeit unterbrechen, um dem Regen zu lauschen oder gemeinsam die Geschichte einer toten Fliege zu erzählen. Wer mit viel Achtsamkeit und Aufmerksamkeit durch den Alltag geht, ist in der Lage, Lernanlässe zu erkennen und sie in ihrer sinnlichen Schönheit in faszinierende Geschichten für die Kinder zu verwandeln.

In jeder Kindertageseinrichtung gibt es beispielsweise eine Obstmahlzeit. Es macht einen großen Unterschied, ob Sie den Kindern einfach ein Stück Apfel reichen und sie auffordern, es ordentlich zu essen – oder ob Sie mit ihnen gemeinsam den Apfel aufschneiden, die Kerne entdecken, die Geschichte des Apfels erzählen und dessen Geschmack, Saft und Duft beschreiben.

Über die Schönheit

Das ästhetische Konzept unserer Welt lässt sich sehr bewusst durch verschiedenste Angebote nachvollziehen. Der Alltag in Kindertageseinrichtungen steckt voller Möglichkeiten und Momente, die nur sorgfältig genutzt werden müssen. Als pädagogische Fachkräfte sorgen Sie dafür, dass es in den Räumlichkeiten an vielen Orten Schönheit gibt. Über außergewöhnliche und schöne Dinge oder besonders liebevolle Gestaltungen zeigen Sie als Erwachsene, wie gern Sie mit den Kindern zusammen sind. Sie richten Lernarrangements her und sorgen bewusst für Momente der Faszination und der Neugier.

Wenn Kinder zeichnen, drücken sie sich aus. Sie kommunizieren mit ihrer Umwelt über das selbst geschaffene Bild. In vielen Kindertageseinrichtungen gibt es Wände, an denen die Kritzelzeichnungen der Kinder präsentiert werden. Wenn ein Kind ins Kritzeln vertieft ist, hat das etwas Entspannendes. Solche Ausstellungen an den Wänden implizieren jedoch auch das Verständnis der Pädagoginnen und Pädagogen von ästhetischer Bildung. Lässt man es beim Kritzeln, verschenkt man wichtige Momente der Welterkundung. Es ist also die Aufgabe des Erwachsenen, die bildnerische Ausdrucksform des Kindes in einem gemeinsamen Dialog zu entwickeln. Das gemeinsame Betrachten von Dingen und die Aufforderung an die Kinder, sie ganz genau zu untersuchen, hilft ihnen dabei, einen Gegenstand oder Sachverhalt in seinem Zweck, seinem Aufbau und seiner Funktionsweise besser zu verstehen. Dieses neugierige Untersuchen findet im Gespräch statt, wird durch genaues Beobachten, Berühren und weitere sinnliche Wahrnehmungen vertieft, um dann durch die detaillierte Wiedergabe auf dem Papier vollendet zu werden.

Licht fasziniert uns Menschen besonders. Das mag daran liegen, dass es sich in so vielen Facetten verändern kann. Nutzen wir es also, um Kinder zum ästhetischen Gestalten anzuregen, sie zu faszinieren, zu überraschen und mit der Schönheit der Welt vertraut zu machen.

Bestücken Sie einen Tisch vor dem Fenster mit farbigen Acrylglasplatten in A4-Größe. Bereiten Sie Schalen mit Gewürzen, Pflanzenteilen, Blüten, Sand und verschiedenen weiteren Naturmaterialien vor. Die Kinder setzen sich an diesen Tisch und legen mit den Materialien aus den Schalen Muster auf die farbigen Platten. Pinzetten kommen zum Einsatz, um die Fingerfertigkeit und Geschicklichkeit zu schulen. Erhöhen Sie die Platten mit Stützen an den Ecken, sodass das Sonnenlicht hindurchscheint und die Materialien Schatten und Muster auf den Tisch projizieren. Diese Schattenmuster lassen sich wunderbar auf Papier übertragen.

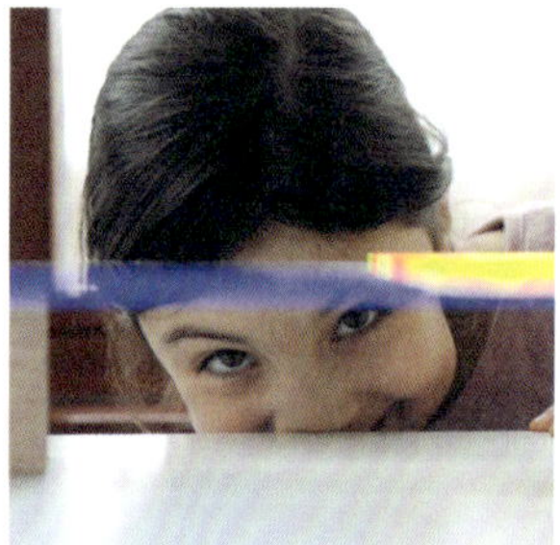

Über die kindlichen Untersuchungen der Welt

Kinder erschließen sich die Welt wie Wissenschaftler. Sie untersuchen die Dinge in ihrer Umgebung, bilden Thesen und überprüfen diese Thesen durch stetige Wiederholung, um daraus Wissen zu generieren.

Lernen muss Freude machen. Das Gute ist: Kinder stehen dem Lernen grundlegend positiv gegenüber. Diese Haltung müssen wir in allen Bildungseinrichtungen nutzen, unterstützen und fördern. Am besten gelingt das durch eine einfühlsame, positive Zuwendung durch die Bezugsperson. Sie kennt die ihr anvertrauten Kinder so gut, dass sie in der Lage ist, jedes Kind an seinen Interessen zu packen und es von diesem Ausgangspunkt aus für neue Phänomene zu faszinieren. Solche pädagogischen Bemühungen fallen immer auf fruchtbaren Boden, denn Kinder sind uneingeschränkt neugierig und lernbereit. Sie scheuen dabei keine Anstrengung und sind mit großem Fleiß und viel Hingabe dabei, sich ihre Umgebung zu erschließen.

Allerdings müssen Erwachsene sich einfühlsam lenkend und begleitend in den Lernprozess einbringen. Sie zeigen den Kindern die Schönheit und die Sinnlichkeit der Welt. Sie sorgen für Faszination und Überraschungen und regen den Lernimpuls damit immer wieder neu an.

Jedes Kind braucht eine für die Sinne stimulierende Umgebung und faszinierte, interessierte Erwachsene, die ihm helfen, den Dingen einen Sinn zu geben.

Das Kind begegnet der Welt mit allen Sinnen

- Es reagiert auf Geräusche, Klänge und Sprache.
- Es nimmt optische Reize wahr.
- Es fühlt die Beschaffenheit der Gegenstände, Temperaturen, Schmerz und Zärtlichkeit.
- Es kostet die Speisen und allerlei andere Sachen.

Über interdisziplinäres Lernen

Die Erfahrungen, das Wissen und die Lebensumgebung der Kinder spielen in pädagogischen Institutionen eine wichtige Rolle. Jedes Kind bringt seine eigene Welt in den Kindergarten mit und ist bereit, sie mit den anderen Kindern zu teilen. Die Schönheit unserer Welt, ihre Wahrnehmbarkeit über sinnliche Reize und die emotionale Anbindung an andere Kinder und Erwachsene mit unterschiedlichen Lebenserfahrungen, Eigenschaften und Verhaltensweisen schaffen die Aufmerksamkeit und Neugier, die es zum Lernen braucht. Auf der Grundlage eines ästhetischen Bildungskonzeptes lassen sich Lernereignisse in allen Fachdisziplinen der Bildungsinstitution anregen und durchführen. Die ästhetische Wahrnehmung unserer Welt ist auf alle Lebensbereiche bezogen und lässt sich nicht auf ein einzelnes Fachgebiet einschränken.

Aus diesem Grund finden sich in den folgenden Beispielen ganzheitliche Lernanregungen, die auf viele Fach- oder Bildungsbereiche bezogen sind.

Ordnung ist ein wichtiges Grundprinzip des Lebens und des Lernens. Auch im Kindergarten spielt die Entwicklung und Pflege von Ordnungssystemen eine wichtige Rolle. Bei der Arbeit mit den Lerntabletts haben sich die folgenden Ordnungsprinzipien bewährt:

Einige Tabletts stehen vorbereitet auf einer Tischreihe vor den Fenstern. Zu jedem Tablett steht ein Stuhl vor dem Tisch.

Zu jedem Tablett gibt es kleine Behälter oder Schachteln, die das Material enthalten, mit dem Muster gelegt werden oder experimentiert werden soll.

Die pädagogischen Fachkräfte wählen bewusst Materialien aus und stellen sie bereit, da sie zum aktuellen Wochen- oder Monatsthema der Gruppe passen.

Über die neuen Lerntabletts

Die neue Variante der farbigen, transparenten Lerntabletts hat einige Vorteile. Die Lichtdurchlässigkeit und die hellen, leuchtenden Farben sorgen für Aufmerksamkeit und faszinieren die Kinder. Diese Tabletts eignen sich deshalb besonders für die Arbeit mit Mustern, für Spiel mit Licht und Schatten, aber auch für die Untersuchung von Wasser und anderen fließenden Materialien. Die Sinnlichkeit lässt sich durch die Verwendung von Gewürzen zum Legen der Muster steigern, da Gewürze unterschiedliche Duftnoten verbreiten und außerdem ganz unterschiedliche Formen und Eigenschaften haben. Manche Gewürze lassen sich wie Pulver streuen, andere bilden interessante Strukturen, wenn man sie zu einer Linie legt.

Die Tabletts werden als transparente Platten in unterschiedlichen Farben, kombiniert mit großen Holzklötzen zur Verfügung gestellt. Sie lassen sich daher auf unterschiedlichste Weise verwenden. Es gibt quadratische und rechteckige Platten. Sie sind groß genug, um den Kindern ausreichend Platz für das Spielen mit Licht und Mustern zu bieten. Die Tabletts lassen sich stapeln und miteinander verbinden. Man kann auch zwei Platten zusammenkleben und so versuchen, Sand oder Wasser dazwischen festzuhalten, um die Fließeigenschaften des Materials zu erkunden. Man kann die Platten aufrecht hinstellen, um auszuprobieren, welche Materialien durch statische Aufladung daran haften bleiben. Im Bauraum lassen sich die Platten mit den Bausteinen kombinieren. Ein Loch an jeder Ecke sorgt dafür, dass man die Platten auch vor die Fenster hängen kann.

Aus dem Material der Platten lassen sich am Lasercutter Legeplättchen herstellen, die wiederum auf der Platte zum Legen von Mustern verwendet werden können. Mit dem Lasercutter kann man auch Muster in die Platten gravieren, die sich dann später mit allerlei Material nachlegen lassen.

Die transparenten, in leuchtenden Tönen eingefärbten Platten haben einen besonderen ästhetischen Reiz, der Kinder wie Erwachsene gleichermaßen fasziniert. Die Materialeigenschaften lassen die Lerntabletts zu Fixpunkten der Aufmerksamkeit in der Raumgestaltung im Kindergarten werden.

Die folgenden Beispiele habe ich mit symbolischen Hinweisen zu den Bildungsbereichen versehen. Hin und wieder kam mir beim Schreiben die Idee, das Übungsprogramm des Lerntabletts zu einem Projekt auszuweiten. Ich habe dann darauf hingewiesen und das Projekt kurz vorgestellt.

Bildende Kunst

Universum
(Naturwissenschaften)

Musik

Gesellschaft und Sprache

Körper und Bewegung

Das sollten Sie beachten
Für alle Angebote gilt, dass die Kinder alt genug sein müssen, um mit Kleinteilen sicher umzugehen. Kinder mit Allergien sollten nicht mit Gewürzen arbeiten. Sprechen Sie am besten vorher mit den Eltern darüber, was möglich ist und was nicht.

Das Spiel mit Mustern

1 Muster legen mit Legeplättchen

2 Muster legen mit Gewürzen

3 Muster legen mit Schrauben und Ketten

Lerntabletts sollen dem, der daran arbeitet, einen Rahmen für seine Tätigkeit geben. Die darauf arrangierten Aufgaben sind selbsterklärend und anregend gestaltet.

Am Lerntablett wird in einer ruhigen und die Konzentration fördernden Umgebung gearbeitet. Es schadet nicht, einen Blick auf die Arbeit des Nachbarn zu werfen, um sich inspirieren zu lassen, oder eine Hilfestellung zu erbitten.

Die neue Variante der farbigen, transparenten Lerntabletts hat einige Vorteile. Die Lichtdurchlässigkeit und die hellen, leuchtenden Farben sorgen für Aufmerksamkeit und faszinieren die Kinder. Diese Tabletts eignen sich deshalb besonders für die Arbeit mit Mustern.

Muster legen mit Legeplättchen

Die Kinder legen auf dem Tablett ein Muster aus Legeplättchen. Sie können es frei entwickeln oder mittels eines vorgezeichneten Musters nachlegen. Mustervorlagen lassen sich auf eine Folie kopieren und unter die transparente Platte kleben. Sie können aber auch mit Tusche oder Kreidemarkern auf die Platte gemalt werden. Whiteboardmarker eignen sich nicht, da sie leicht verwischen.

Je nach pädagogischem Ziel können zum Beispiel Legeplättchen in geometrischen Grundformen verwendet werden: Dreieck, Quadrat, Rechteck und Kreis können zu Bildern kombiniert und die Formen benannt werden.

Halbkreise und stabförmige Legeplättchen können zu Buchstaben und Zahlen zusammengelegt werden.

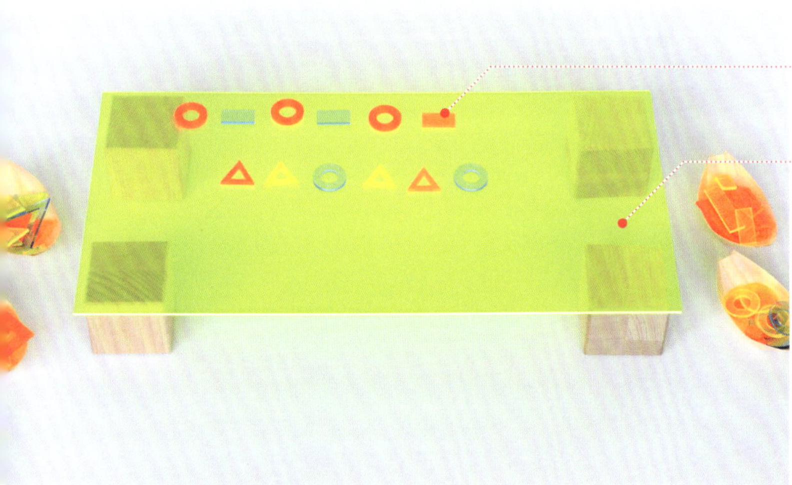

Material

Legeplättchen verschiedener Farben

Acrylglasscheibe auf Holzklötzen

Mustervorlagen

Muster legen mit Gewürzen

Aus Gewürzen entstehen herrliche Mandalas. Kopieren Sie dazu einfach ein Mandalamuster auf Folie und kleben Sie es unter die transparente Platte. Die Feinmotorik der Kinder wird herausgefordert, wenn sie die unterschiedlichen Gewürze mit einer Pinzette greifen und transportieren müssen. Verwenden Sie unbedingt frische Gewürze, da diese herrlich duften.

Vertiefung

Die Gewürze können sortiert und benannt werden. Dabei sollte auch über die Verwendung gesprochen werden: Lorbeerblätter finden sich häufig in Suppen. Nelken und Zimt braucht man für weihnachtliches Gebäck. Bei Salz muss man aufpassen, zu viel davon macht das Essen ungenießbar. Kennt jemand ein Rezept mit Sternanis?

Material

- Gewürze
- Acrylglasscheibe auf Holzklötzen
- Pinzette
- Mustervorlage

Muster legen mit Schrauben und Ketten

Metallteile stehen in einem spannenden Kontrast zu den Acrylglasplatten. Sie fühlen sich kalt an und glänzen im Licht. Mit Ketten und Schrauben vom Baumarkt lassen sich Muster legen, die ein ganz anderes Ergebnis zutage fördern als die Muster aus Legeplättchen oder Gewürzen.

Vertiefung

Es ist eine gute Idee, mit den Kindern die verschiedenen fertigen Mustertabletts zu betrachten und über die Unterschiede zu sprechen:

Wie verhält sich das Licht? Wird es reflektiert? Wie fühlt sich die Plastikfläche im Unterschied zu den Metallgegenständen an? Riechen die Dinge, die zu Mustern verarbeitet werden, anders? Welche Temperaturunterschiede kann ich beim Anfassen fühlen? Welches Material habe ich am liebsten, und warum ist das so?

Material

Muttern

Ketten

Schrauben

Pinzette

Acrylglasscheibe auf Holzklötzen

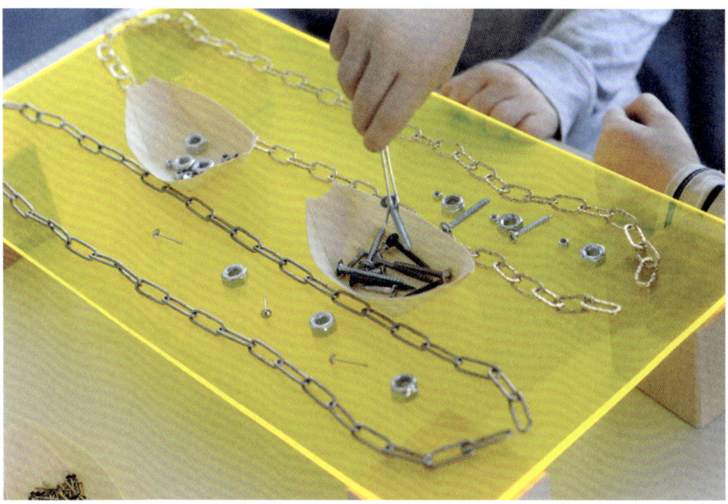

Das Licht einfangen

1 Schatten-fänger

2 Fenstermosaik

3 Dreidimensionales Schraubenmandala

4 Insekten-schatten

5 Schatten-zauber

Das Spiel mit Licht und Schatten fasziniert Kinder. Es ist interessant zu sehen, wie die Welt sich beim Blick durch eine farbige Scheibe verändert. Es macht neugierig zu erleben, wie Gegenstände aussehen, wenn sie auf ihren Schattenriss reduziert werden. Die Veränderung des Raums durch Bilder vor dem Fenster bewusst wahrzunehmen und darüber in der Kindergruppe zu sprechen, hilft dabei, die eigene Gestaltungskompetenz zu entwickeln.

Schattenfänger

Die Kinder legen ein Muster auf ein Tablett, das auf doppelt hohen Holzklötzchen steht. Unter dem Tablett liegt ein weißes Blatt. Also zeichnen die Kinder den Schatten des Musters auf dem Blatt nach.

Varianten

Es gibt so viele Varianten für dieses Spiel. Man kann die eigene Hand im Schattenriss zeichnen oder eine Zeichnung direkt auf dem Tablett anbringen und ihr Schattenbild erleben.

Vertiefung

Was geschieht, wenn Sie ein Fotopapier unter das Tablett legen? Warum passiert hier etwas? Hier lohnt es sich, mit einem Experten über die Materialien zu sprechen, mit denen das Fotopapier beschichtet wurde. Wie wäre es, den Chemielehrer aus der benachbarten Schule einzuladen?

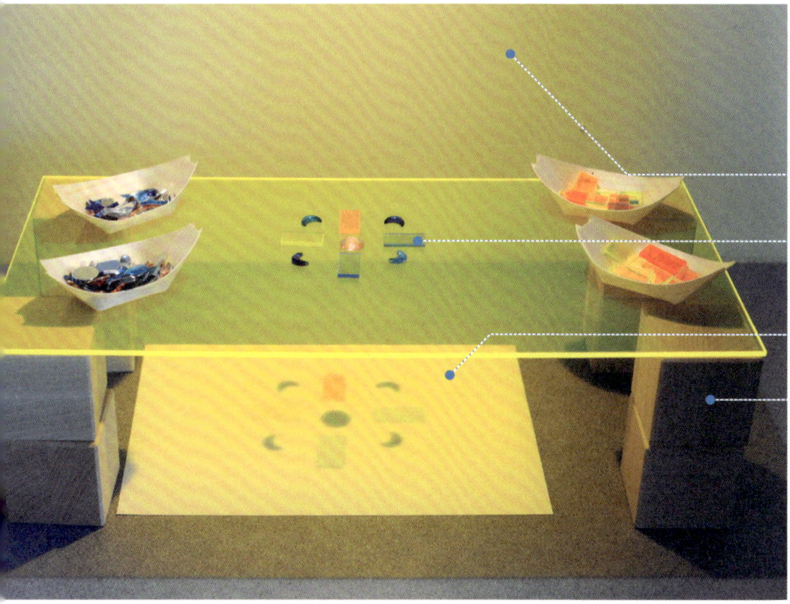

Material

Lichtquelle

Muggelsteine, Glitzersteine, Legeplättchen

Papier und Stifte

Acrylglasscheibe auf zwei Holzklötzen

Fenstermosaik

Kinder malen ein Selbstporträt auf farbige, transparente Platten. Durchbohren Sie diese Platten an den Ecken, fügen Sie sie mit Draht zusammen und hängen Sie sie wie ein großes Bild vor das Fenster.

Diese Installation ist nicht nur eine schöne Raumdekoration. Sie zeigt zum einen die Individualität eines jeden Kindes in der Gruppe und macht zum anderen durch die Reflexionen, die durch wechselnde Lichtverhältnisse im Raum entstehen, immer wieder neu auf sich aufmerksam.

Material

Acrylglasscheibe mit
Löchern zum Aufhängen

Haken und
Nylonschnur

Farben und Pinsel

Dreidimensionales Schraubenmandala

Heute stehen Kästchen mit Schrauben, Muttern und allerlei anderen kleinen Teilen aus dem Baumarkt neben dem Tablett. Diese Materialien fühlen sich kalt an und haben ganz verschiedene Formen. Manche lassen sich verbinden. Die Kinder legen freie Muster aus Schrauben und Muttern, Unterlegscheiben und Karabinerhaken. Es gibt auch Wandhaken und Dübel.

Vertiefung

Es ist eine Herausforderung, ein dreidimensionales Muster aufzustellen. Wenn es gelingt, entsteht auf dem Tablett eine interessante Struktur, die sich im Wandel des Tageslichts verändert. Es ist sehr spannend, dieses Tablett jede Stunde einmal aus dem gleichen Blickwinkel zu fotografieren, um die Unterschiede zu erkennen, die durch den Lichteinfall entstehen.

Material

Schrauben, Muttern, Unterlegscheiben, Federn, Kabelbinder etc.

Tablet

Holzblöcke

Acrylglasscheibe

Stellen Sie dazu die Kamera oder das Tablet an einem festen Platz auf und drücken Sie jede Stunde einmal auf den Auslöser. Am Nachmittag drucken Sie die Bilder aus und hängen sie in der richtigen zeitlichen Reihenfolge auf. Nun sind die Veränderungen des Schattens klar erkennbar. Warum verändert der Schatten sich? Lässt sich dieses Phänomen im Lichtraum nachstellen? Mit welchen Worten lässt sich dieses Ereignis am besten beschreiben?

Insektenschatten

Auf dem Tablett liegt eine Folienvorlage mit einem aufgedruckten Insekt. Unter dem Tablett liegt ein Blatt Papier. Die Kinder zeichnen das Insekt nach und malen das Bild später bunt aus. Auf diese Weise können sie auch Bilder von Tieren, Blumen und Gegenständen als Schattenbild gestalten.

Vertiefung

Es reicht nicht, einfach nur ein Insekt zu malen – wichtig ist, sich die Insekten genau anzusehen. Vielleicht gibt es im Kindergarten eine Sammlung getrockneter Insekten aus dem letzten Sommer. Oder Sie organisieren einen Besuch im Naturkundemuseum. Beim Betrachten der Insekten werden den Kindern die verschiedenen Körperformen auffallen. Die Anzahl der Beine differiert, und auch die Anzahl, Form und Farbe der Flügel wirft Fragen auf. Diese Fragen ziehen genaue Untersuchungen nach sich. Mit viel Wissen ausgerüstet setzen sich die Kinder dann ans Tablett und beschreiben, was sie zeichnen. Denn jetzt stehen ihnen die Worte zur Verfügung.

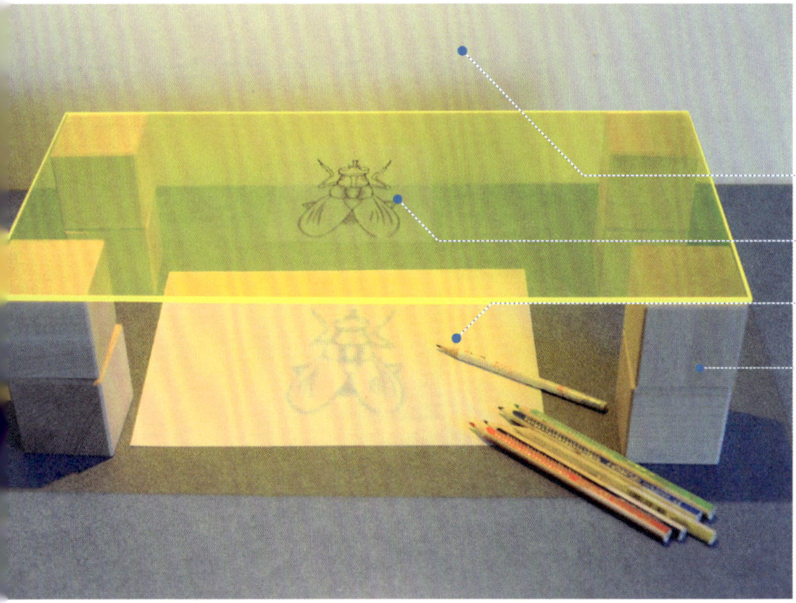

Material

Lichtquelle

Insektenvorlage

Papier und Stifte

Acrylglasscheibe auf zwei Holzklötzen

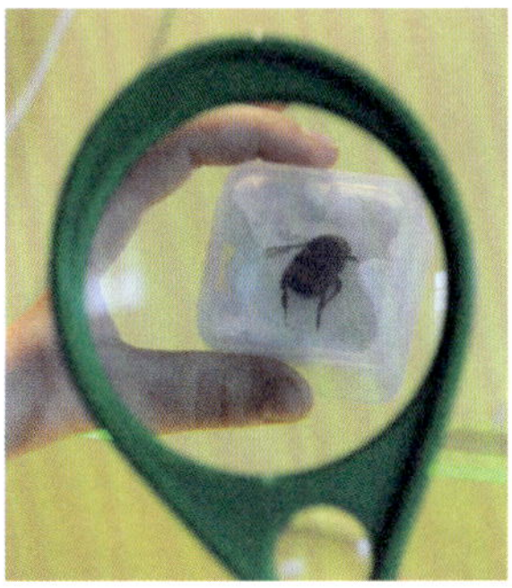

Schattenzauber

Freie Schattenspiele und Fantasiereisen lassen sich auch am Leuchttablett entwickeln. Die Kombination verschiedener Gegenstände mit Verpackungsmaterialien und schönem Müll auf dem Tablett bringt darunter interessante Schatten hervor. Diese Schatten werden länger oder kürzer, je nachdem, wie die Lampe gehalten wird.

Vertiefung

Die Kinder versuchen zu beschreiben, was sie in den Schattenbildern sehen: eine Stadt, ein Tier oder ein gruseliges Monster?

Wie kommt es eigentlich, dass wir unterschiedliche Dinge sehen, obwohl wir alle auf dieselben Schattenbilder schauen? Es ist wichtig, mit den Kindern dieser Frage nachzugehen, um die Individualität der Wahrnehmung zu beschreiben. Gemeinsam darüber zu sprechen, welches Wissen und welche Erinnerung zu den unterschiedlichen Bildern führt, kann eine Einführung in ein medienpädagogisches Projekt sein.

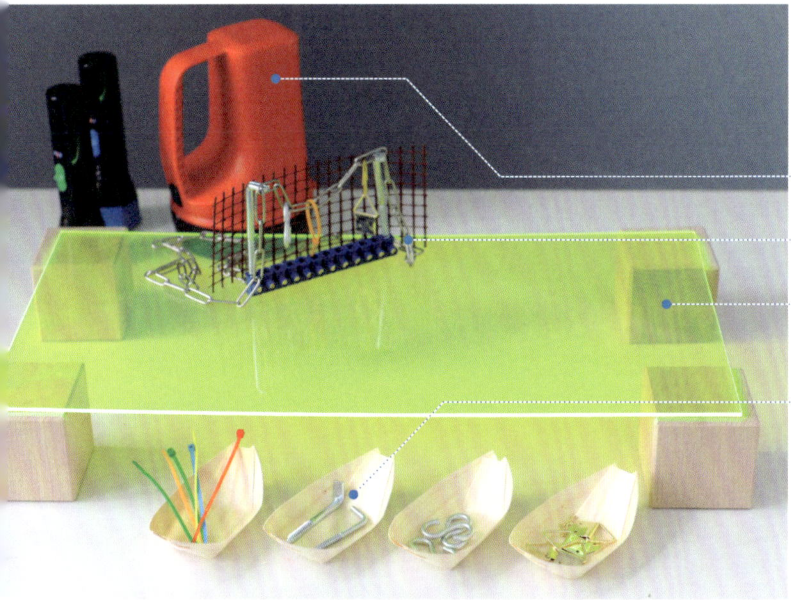

Material

Lichtquellen

Alltagsmaterial

Acrylglasscheibe auf Holzklötzen

Muttern, Haken, Kabelbinder

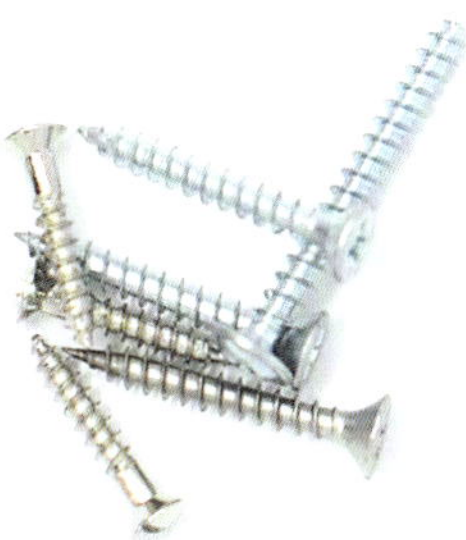

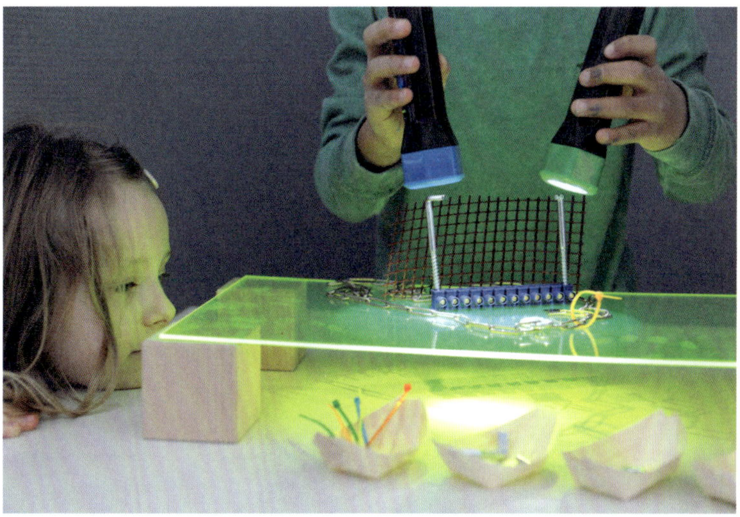

Mit Nase und Fingerspitzen

1 Rote Zahlen

2 Gewürz-kreislauf

3 Pfeffer, Salz, Paprika und Curry

4 Ordnung für die Bohnen

Der herrliche Duft der Gewürze, ihre Beschaffenheit und die unterschiedlichen Formen sind einfach faszinierend. Mit Gewürzen lassen sich sehr gut Muster legen. Man kann mit ihnen zählen, man kann sie wiegen und verkosten. Gewürzpulver lässt sich wie Farbpulver auf der glatten Platte des Tabletts mit einem Pinsel bewegen, bis es eine Form vollkommen ausfüllt. Die Kinder bekommen mithilfe von Gewürzkörnern ein Gefühl für Mengen, merken sich die Namen der Gewürze, legen Bilder und stellen Mandalas her, zerstören sie wieder und beginnen immer wieder von Neuem.

Wie wäre es, einen Stop-Motion-Film von der Entstehung eines Mandalas anzufertigen und ihn dann rückwärts abzuspielen?

Das sollten Sie beachten
Bitte nicht mit Erbsen arbeiten. Sie quellen auf, wenn sie doch mal in die Nase oder den Gehörgang gelangen sollten.

Rote Zahlen

Auf dem Tablett liegt eine Folie mit aufgedruckten Zahlen. In einer Schale stehen getrocknete Cranberrys bereit. Die Kinder legen sie auf die Linie der Zahlenvorlage oder füllen damit die Zwischenräume zwischen den Zahlen aus.

Es ist auch möglich, eine ganze Platte mit weißen Muschelnudeln zu füllen und die roten Cranberrys wie eine Intarsienarbeit zwischen die Nudeln zu legen. Auf diese Weise können die Kinder auch Muster bilden. Nehmen Sie alternativ zu Cranberrys einfach Rosinen.

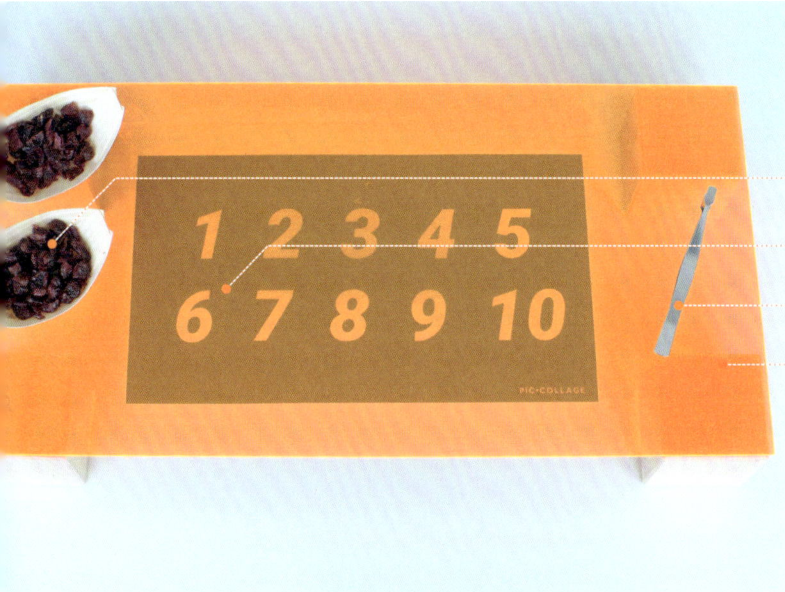

Material

Cranberrys

Mustervorlage

Pinzette

Acrylglasscheibe auf Holzklötzen

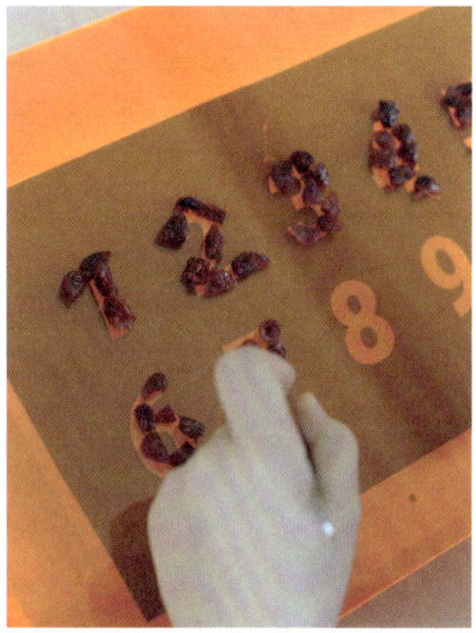

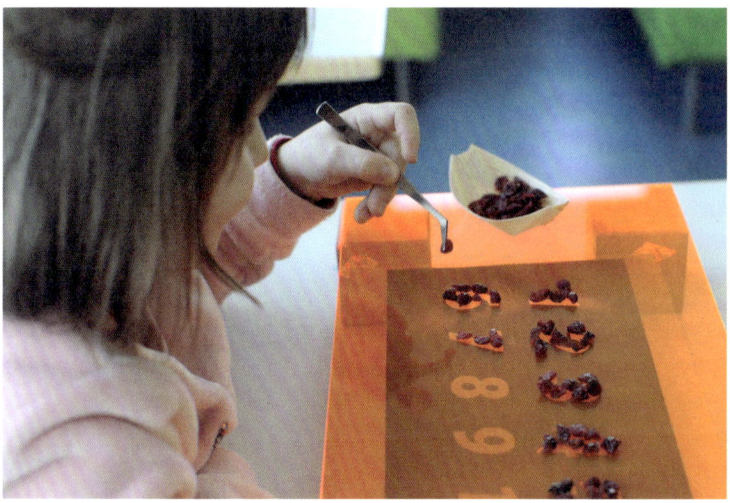

Gewürzkreislauf

Auf dem Tablett sind mehrere Kreise aufgezeichnet: Ein kleiner Kreis in der Mitte ist von immer größer werdenden Kreisen umschlossen. In die Zwischenräume legen die Kinder mithilfe einer Pinzette unterschiedliche Gewürze, Bohnen oder Linsen und benennen sie dabei.

Vertiefung

Sprechen Sie im Morgenkreis oder Abschlusskreis darüber, für welche Gerichte die Gewürze verwendet werden. Dazu bietet sich eine kleine Weltreise über die Herkunft der Gewürze an. So lassen sich Länder und die dort typischerweise zubereiteten Mahlzeiten erkunden, die durch die landestypischen Gewürze eine besondere Note bekommen.

Welche Pflanzen stecken hinter Zimt, Pfeffer oder Curry? Wie werden die Gewürze gewonnen und unter welchen Bedingungen werden sie produziert? Diese Fragen reichen für ein ganzes Monatsprojekt.

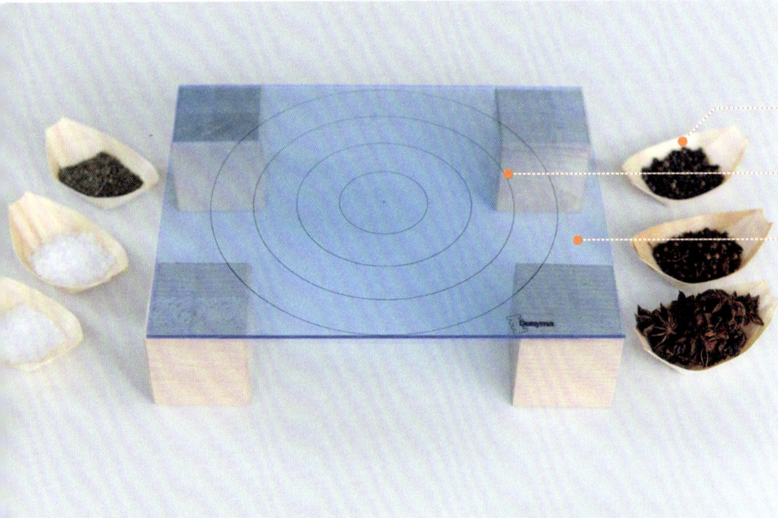

Material

verschiedene Gewürze

Mustervorlage

Acrylglasscheibe auf Holzklötzen

Pfeffer, Salz, Paprika und Curry

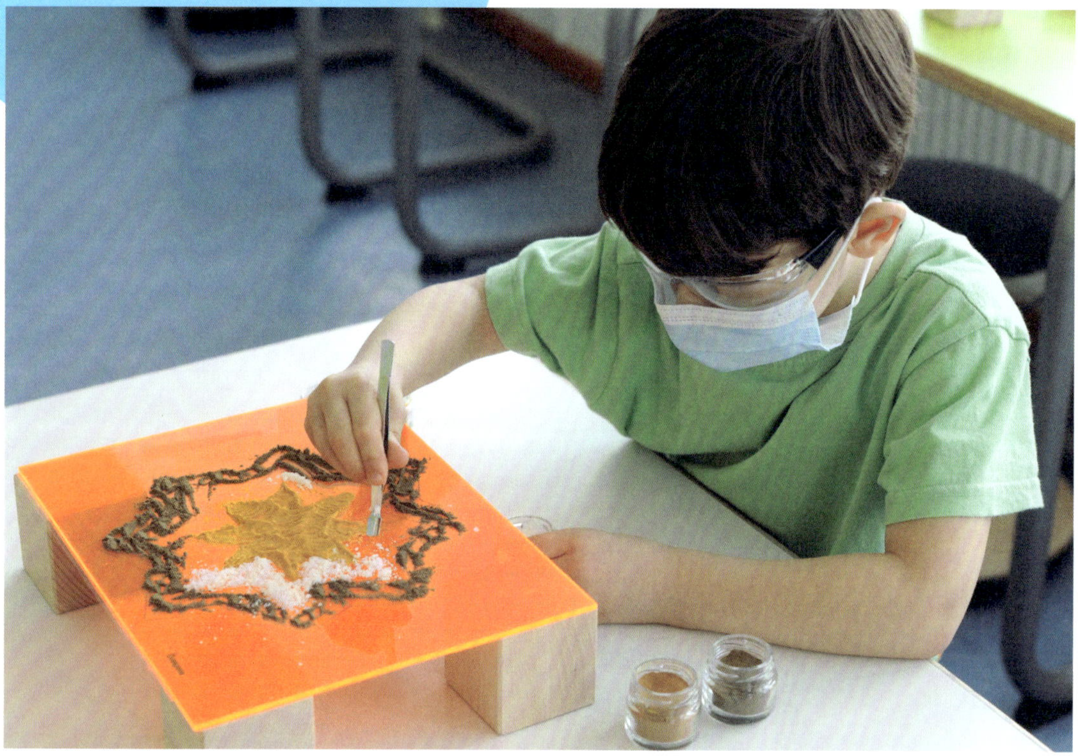

Die Kinder fegen farbiges Gewürzpulver auf dem Tablett zu einem Muster zusammen. Dazu haben Sie zuvor eine Mustervorlage unter das Tablett geklebt. Die Kinder tragen Schutzbrille und Mundschutz, damit das Pulver nicht in Augen oder Nase gelangt. Schon mit einem kleinen Nieser könnte schließlich das mühevoll gestaltete Muster auf dem Tablett zerstört werden. Nun bewegen die Kinder das Pulver mit einem Pinsel auf dem Tablett so, dass es die Form der Musterteile annimmt.

Wie toll wäre es, einen Stop-Motion-Film über die Entstehung und die anschließende Zerstörung des Musters zu drehen. So ein Film kann in Echtzeit, Slow Motion oder zu schnell, vorwärts oder rückwärts abgespielt werden. Wenn man beim Filmen darauf achtet, dass nur der Pinsel zu sehen ist, indem man ein Greenscreenformat wählt und die Hand vorher grün anmalt, entsteht ein magischer Film.

S. 102 *Einen Stop-Motion-Film drehen*

Material

farbige Gewürzpulver

Pinsel

Mustervorlage

Acrylglasscheibe auf Holzklötzen

Schutzbrille und Mundschutz

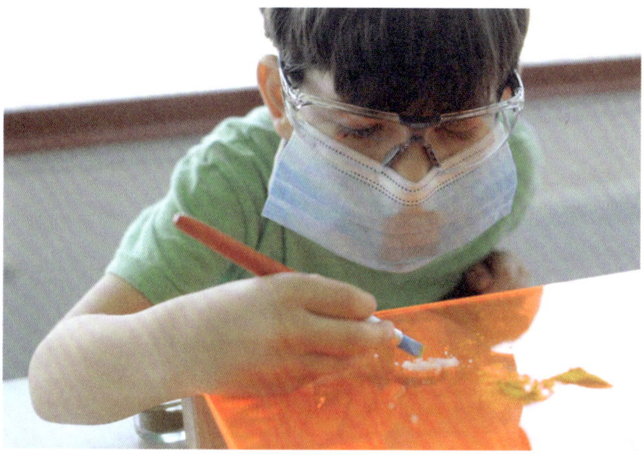

Ordnung für die Bohnen

Neben dem Tablett haben Sie mindestens fünf verschiedene Sorten Bohnen bereitgestellt. Das Tablett haben Sie mit Linien in fünf Felder geteilt – Kästchen oder Kreise. In jedem Kästchen oder Kreis liegt eine Bohne. Das Kind hat nun die Aufgabe, mithilfe einer Pinzette die Bohnen auf dem Tablett zu sortieren.

Ordnungsprinzipien erkennen und einhalten zu können, ist eine wichtige Kompetenz für den Übergang in die Schule. Sie kann dadurch trainiert werden, dass die Pädagoginnen und Pädagogen die Ordnung auf dem Tablett andeuten und die Kinder auffordern, das System zu vervollständigen. Dabei können die Dinge in den Umrandungen nach Farben oder Mengen sortiert werden. Es lassen sich auch Mengenreihen aufstellen und weiterentwickeln.

Material

Acrylglaselemente

Acrylglasscheibe auf Holzklötzen

Hülsenfrüchte

Pinzette

Herrliche Muster

1 Immer im Rhythmus

2 Der zauberhafte Glitzerstern

3 Buntes Materialmosaik

4 Buchstaben und Zahlen verzaubern

Muster bilden eine wichtige Grundstruktur unserer Welt, sie finden sich überall in der Natur. Wer möchte, kann das Muster eines Blattes auf dem Tablett nachzeichnen. Kirchenfenster filtern das Licht durch sorgfältig gestaltete Bilder oder Muster aus farbigem Glas. Wir Menschen benutzen Muster auch zur Dekoration. Muster schaffen Ordnung, sind aber auch einfach herrliche Bilder, die uns erfreuen.

Herrliche Muster

Immer im Rhythmus

In kleinen Kästchen neben dem Tablett befinden sich bunte Legeplättchen, nach Farben sortiert. Die Gruppe hat zuvor über Rhythmus gesprochen und überlegt, wie man ihn in Farben ausdrücken kann. Ein Kind legt nun am oberen Rand des Tabletts abwechselnd blaue und rote Plättchen zu einer Linie. Ein anderes legt eine Schlange, die abwechselnd drei gelbe und drei blaue Plättchen auf dem Rücken trägt. Ein Junge legt Gruppen von verschiedenfarbigen Plättchen auf sein Tablett.

Vertiefung

Welche Rhythmen bestimmen unser Leben? Die Kinder wissen viel darüber und tragen zusammen: Tag und Nacht, Wochen und Monate, vier Jahreszeiten. Aber sie kennen auch den Rhythmus unseres Herzschlags und nehmen die Trommelschläge in einem Musikstück wahr.

Material

verschiedenfarbige Acrylglaselemente

Acrylglasscheibe auf Holzklötzen

Der zauberhafte Glitzerstern

Neben dem Tablett stehen Galsmuggelsteine bereit. Sie liegen nach Farben sortiert in Schälchen.

Die Kinder werden angeregt, ein Mosaik zu legen. Dazu wird mit einer Grundform begonnen. In unserem Beispiel ist die Grundform ein Stern. Das Innere des Sterns wird mit Steinchen in einer anderen Farbe gefüllt. Nun kann ein Kreis um den Stern gelegt werden. Die Zwischenräume zwischen den Zacken des Sterns werden bis zur Kreislinie mit einer neuen Farbe gefüllt.

Nun kann entschieden werden, ob es noch eine Kreislinie braucht, die im Abstand zur ersten Kreislinie gelegt wird. Der Zwischenraum bekommt wieder eine Füllung aus Steinen in einer anderen Farbe. Wer schafft es am schnellsten, das gesamte Tablett zu füllen und dabei keine Farbe doppelt zu verwenden?

Material

Glitzersteine

Glasmuggelsteine

Acrylglasscheibe auf Holzklötzen

Spiegel

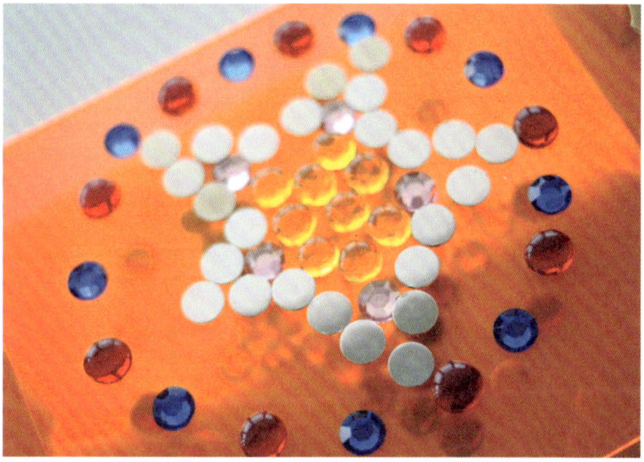

Herrliche Muster

Buntes Materialmosaik

Zusätzlich zu den Muggel- und Glitzersteinen werden nun Legeplättchen ausgegeben. Beim Legen des Musters kommt es nicht nur auf einen guten Farbrhythmus an. Wichtig ist auch, welches Material an welcher Stelle mit welcher Farbe kombiniert wird. Gar keine leichte Aufgabe.

Es empfiehlt sich, vorab das Mosaik auf Papier zu skizzieren, mit Farben auszufüllen und unter das Tablett zu legen.

Nun kann mit einem Legeplättchen begonnen werden, das mit Glitzersteinen umrandet wird. Wenn diese Form erneut mit Legeplättchen konturiert wird, entstehen Zwischenräume, die mit Muggelsteinen ausgefüllt werden können. Auf diese Weise entwickelt sich das Muster auf dem Tablett weiter.

Solche anspruchsvollen Aufgaben erfordern die Entwicklung der Fähigkeit zum planvollen Handeln und fördern darüber hinaus die Geduld.

Material

Glitzersteine und Glasmuggelsteine

verschiedenfarbige Acrylglaselemente

Acrylglasscheibe auf Holzklötzen

Pinzette

Buchstaben und Zahlen verzaubern

In der Materialsammlung der Tabletts gibt es auch Legeplättchen, die farbig und zugleich transparent sind. Sie sind in vielen Formen vorhanden: Kreise, Ringe, Quadrate, Rechtecke, Dreiecke und unterschiedlich lange Stäbchen, jeweils in verschiedenen Größen. Mit diesen Plättchen legen die Kinder nun Buchstaben und Zahlen zusammen. Die Musterbilder liegen auf Kärtchen neben dem Tablett und sind nicht als Schablone daruntergeklebt. Das erhöht den Schwierigkeitsgrad und fordert die Koordination und Beobachtungsgabe heraus.

Material

eckige und runde Acrylglaselemente in Schälchen

Acrylglasscheibe

Holzblöcke

Referenzen

Im Kreis herum

1 **Murmeln in der Schnur**

2 **Fahrradreifen**

3 **Blumenrundherum**

Es ist spannend, runde Materialien zu runden Formen zu legen. Es gibt kreisrunde Formen, aber auch ovale oder eiförmige. Aus halben Kreisen lassen sich Schlangenlinie bilden. Überraschung: In runden Formen lassen sich Quadrate oder Dreiecke unterbringen.

Murmeln in der Schnur

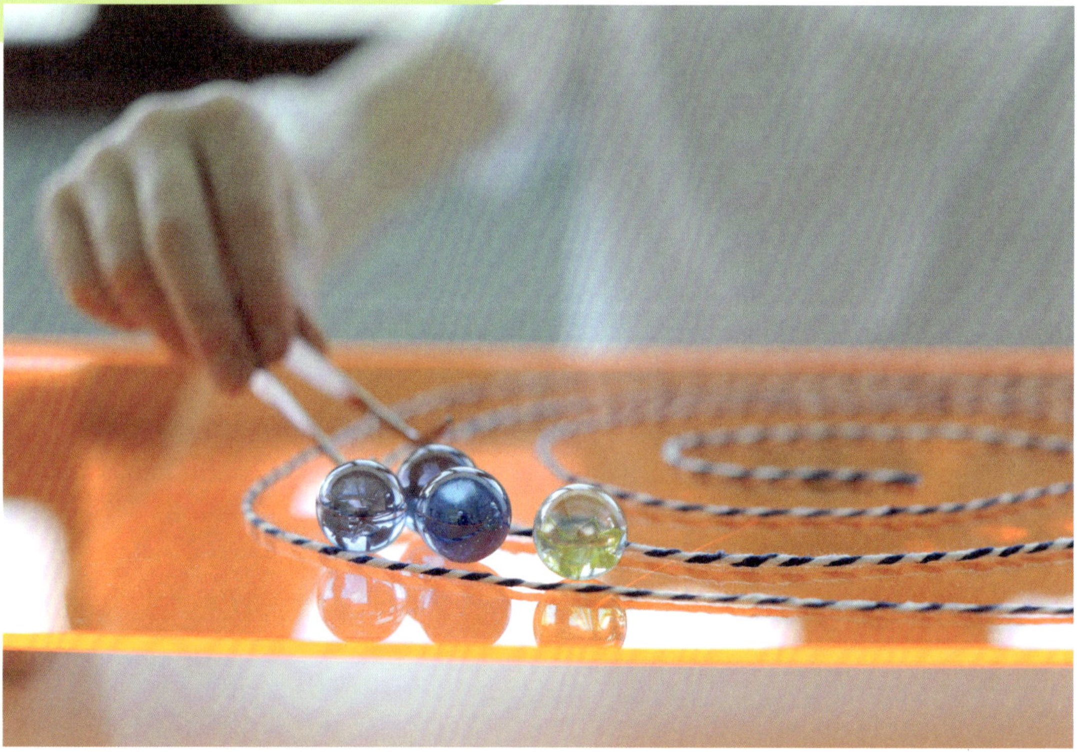

Auf dem Tablett liegt eine Schnur, zu einer Schnecke geformt. Die Kinder legen nun mithilfe einer Pinzette einzelne Murmeln in den Zwischenraum.

Was für eine Anstrengung. Die Murmeln rutschen leicht aus der Pinzette und müssen immer wieder neu gefasst werden. Auf dem Tablett bleiben sie nicht einfach so liegen, sondern kullern durcheinander. Für kleinere Kinder kann es helfen, die Schnur mit Tapetenleim auf dem Tablett zu befestigen. Der Leim lässt sich später wieder leicht abwaschen, aber für die Übung gibt die Schnur den Murmeln auf diese Weise mehr Halt.

In Ruhe und mit Geduld zu arbeiten, sich zu konzentrieren und nach einem Fehler noch mal mit geschickten Händen von vorn anzufangen – das üben Menschen am besten in ihrer Kindheit.

Material

Schnur

Murmeln

Acrylglasscheibe auf Holzklötzen

Pinzette

Leim

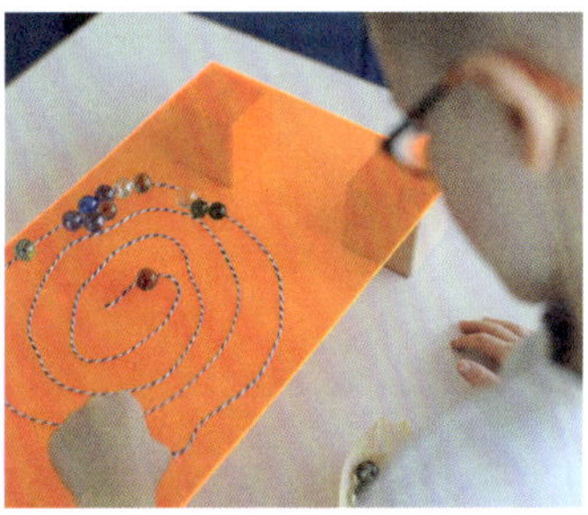

Fahrradreifen

Wer hat sich schon mal einen Fahrradreifen genau angesehen? Er ist rund, hat aber auf der Seite, die den Boden berührt, verschiedene Muster. Es gibt ganz unterschiedliche Reifen, je nachdem, wofür sie benutzt werden sollen. Manche haben sogar „Stacheln", damit das Fahrrad auf weichem Untergrund nicht wegrutschen kann.

Die Kinder haben sich die verschiedenen Reifen genau angesehen. Auf dem Tablett ist ein Kreis vorgezeichnet. Mit den verschiedensten Materialien versuchen die Kinder nun, die Reifen nachzulegen.

Material

Beispielbilder von Reifen

Gewürze

Schrauben und Muttern

Ketten

Acrylglasscheibe auf Holzklötzen

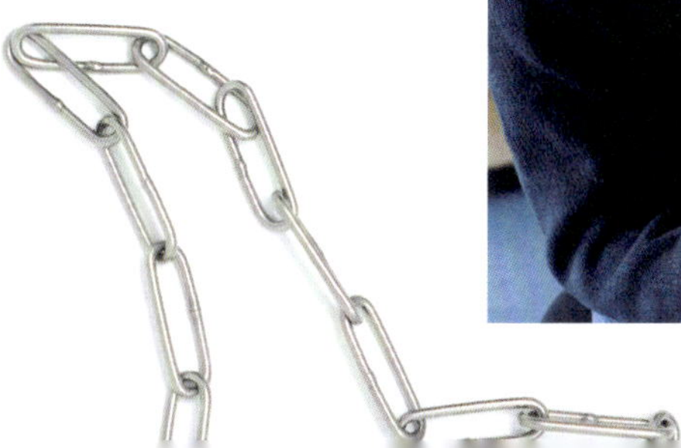

Blumenrundherum

Getrocknete Blüten und Pflanzenteile sind ein herrliches Material. Sie fordern zum Berühren auf, man möchte daran riechen und man kann Muster daraus legen. Sortiert in Schälchen stellen Sie die unterschiedlichsten Blüten und Pflanzenteile neben das Tablett. Die Herausforderung für die Kinder ist diesmal, dass es ein rundes Muster werden soll. Die meisten Blüten sind rund, aber Stiele und Blätter sind eckig. Wie lassen sich diese Formen in dem runden Musterkreis unterbringen?

Material

Mustervorlage

Acrylglasscheibe auf Holzklötzen

verschiedenste Blüten

Alltags-gegenstände

1 **Kronkorken-parade**

2 **Löffelbild**

3 Kullerbilder aus Unterlegscheiben

4 Alltagsdingen Farben zuordnen

Alltagsmaterialien und „schöner Müll“ haben einen besonderen Zauber. Aus einem Becher mit leckerem Joghurt kann später alles nur Erdenkliche entstehen. Man kann Wasser zum Malen darin bereitstellen, kleine Dinge darin aufbewahren oder die Becher zu einem Turm stapeln. Es können auch Monster daraus gebaut werden. Kronkorken klimpern wunderbar in einer Schale. Sie kratzen ein wenig an den Händen, wenn man nicht aufpasst, aber das ist gar nicht schlimm, denn es lässt sich allerlei Nützliches daraus herstellen. Alltagsdinge wie Lappen, Bürsten, Besteck usw. können vielen anderen Verwendungen zugeführt werden. Auch in Kombination mit den Leuchttabletts führen diese Utensilien zu neuen Ideen.

„Schöner Müll“ sind Verpackungsmaterial und andere recycelbar Gegenstände, die sich einer neuen Verwendung zuführen lassen.

Es lohnt sich, solche Dinge im Kindergarten zu sammeln und den Kindern für allerlei kreative Spiele anzubieten.

Alltagsgegenstände

Kronkorkenparade

Kronkorken lassen sich mit Farbe bemalen, farblich sortieren und zu Mustern legen. Welche Farben ergeben vermischt eine neue Farbe?

Eine schöne Übung ist es, die Kronkorken jeweils mit einer unterschiedlichen Anzahl an Punkten zu versehen. Die Punkte sollten wie auf einem Würfel aufgemalt sein. Nun werden je zwei Kronkorken zusammengelegt und zwei weitere gegenüber platziert. Wie klappt es, dass auf beiden Seiten die Anzahl der Punkte übereinstimmt?

Hinweis

Kronkorken eignen sich auch als Träger von kleinen Bildern. So lassen sich Puzzles erstellen, Zuordnungsspiele aufbauen oder ein Dominospiel entwickeln.

Material

Acrylglasscheibe auf Holzklötzen

Kronkorken in verschiedenen Farben

Löffelbild

Wer hätte das gedacht? Besteck eignet sich ganz hervorragend zum Herstellen faszinierender Muster. Die Löffel liegen in Reih und Glied. Die Gabeln sehen aus wie eine prächtige Blüte und die Messer bilden einen dekorativen Rahmen für das Besteckbild.

Es gibt Besteck in ganz unterschiedlichen Formen, Farben und Materialien. Lasst uns das Puppenbesteck noch dazunehmen und ausprobieren, ob sich eine Blüte legen lässt, in der die Löffel, Gabeln und Messer ganz und gar verschwinden, sodass erst auf den zweiten Blick erkennbar ist, mit welchem Material gearbeitet wurde.

Material

Besteck und Küchenutensilien

zwei oder drei Acrylglasscheiben

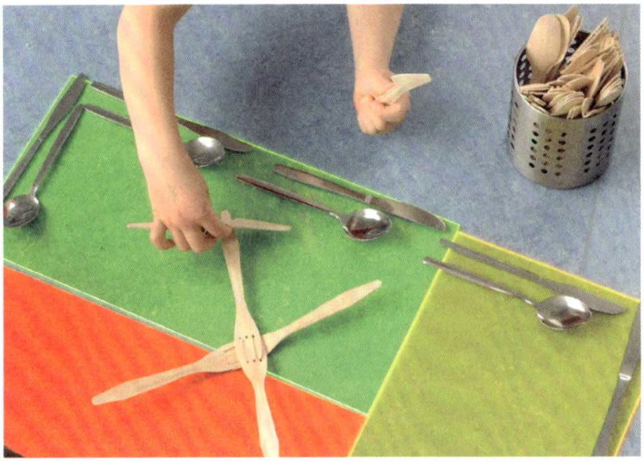

Kullerbilder aus Unterlegscheiben

Unterlegscheiben sind ja nichts anderes als verschieden große Kreise aus unterschiedlichstem Material. Mit ihnen lässt sich tatsächlich ein Bild gestalten. Sie bilden schöne Muster, wenn man sie nach Größe sortiert und nach Farben oder Material ordnet.

Probieren Sie es einfach mal aus und folgen Sie dem Ruf des Materials. Wer möchte, kann sich auch anderen Materialien aus dem Baumarkt zuwenden und herausfinden, welche Inspiration von Schrauben, Dübeln und Haken ausgeht.

So wird ein Projekt daraus

Die Kinder gestalten mit diesen Materialien nicht nur fantasievolle Bilder, sondern lernen auch die Namen der Dinge kennen. Es hilft, mit den Kindern darüber zu sprechen, was der eigentliche Zweck dieser Objekte ist und wo sie im Umfeld des Kindergartens zu finden sind. Dazu bietet sich eine Fotosafari an: Schicken Sie die Kinder mit Kameras und Tablets los, um Haken, Schrauben, Dübel und Unterlegscheiben im Kindergartengebäude zu finden. Die Fotos können Sie später ausdrucken und über die Mustertabletts hängen.

Material

Unterlegscheiben

Referenzbilder

Acrylglasscheibe auf Holzklötzen

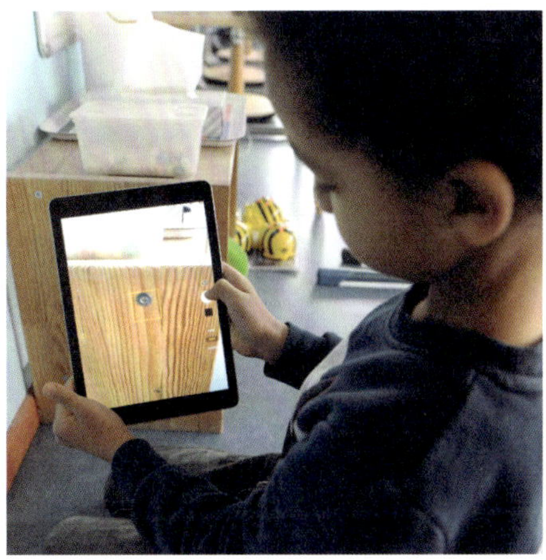

Alltagsdingen Farben zuordnen

Spiele, in deren Verlauf die Kinder bestimmten Dingen ein Symbol oder eine Farbe zuordnen, kommen immer gut an. Stellen Sie die farbigen Tabletts vor dem Fenster auf. Die Kinder machen sich nun auf die Suche nach Gegenständen in passenden Farben. Wer einen gefunden hat, legt ihn auf das Tablett mit der gleichen Farbe.

Sie können diese Arbeit weiterführen, indem Sie zum Beispiel verschiedene Rottöne miteinander vergleichen. Dazu hängen Sie alle roten Dinge über dem Tablett auf, nach der Tiefe des Farbtons sortiert. Die hellroten kommen nach links, die dunkelroten nach rechts. Auf diese Weise entsteht vor dem Fenster eine dekorative Farbtafel, die zum Nachdenken und Miteinandersprechen anregt: Interessant, dass es rote und grüne Mützen gibt, die Bananenschalen aber alle gelb sind. Und die Glasscheiben im Fenster, haben die gar keine Farbe?

Material

Acrylglasscheiben verschiedener Farben

farbige Objekte

Dazwischen

1 Ölspur

2 Wasserlauf

3 Riesel-Reis

„Was steckt dahinter?“ Das ist eine spannende Frage, der Kinder sehr gerne nachgehen. Häufig lässt sich ein Gegenstand, der hinter einem anderen versteckt ist, nicht richtig erkennen. So entsteht der Drang, ihn hervorzuholen und genau anzusehen. Manchmal sieht man gar nicht, was sich zum Beispiel in einer Dose verbirgt. Nur am Geräusch, das aus der Dose kommt, wenn man sie schüttelt, lässt sich erahnen, dass etwas in ihr stecken muss.

In diesem Kapitel stecken wir Dinge zwischen die Platten. Wir lassen Ölspuren oder Farbspuren entstehen oder Reis zwischen den Platten rieseln und rascheln. Auch Wasser fasziniert die Kinder. Ein aus den Leuchttabletts selbst gebauter Brunnen bietet unendliche viele Spielanlässe.

Ölspur

Öl und Wasser lassen sich nicht verbinden. Beide Stoffe trennen sich immer wieder voneinander. Färben Sie Öl etwas an und tropfen Sie es auf eine feuchte Platte. Legen Sie eine zweite Platte darüber und verbinden Sie beide Platten mit wasserfestem Klebeband. Achten Sie darauf, dass zwischen beiden Platten noch ein kleiner Luftraum bleibt. Drückt man das fertige Paket nun zwischen Daumen und Zeigefinder ein wenig, verschiebt sich die Ölspur. So entsteht ein kleines Farbenspiel, das seine Faszination eine Weile aufrechterhält.

Variante

Auf die gleiche Weise lässt sich auch ein Bild herstellen. Dazu drücken Sie die beiden Scheiben ganz fest aneinander und umkleben sie mit Klebeband. An einer Seite bringen Sie eine Öse an und hängen das Bild dann vor das Fenster. Die Sonne wird es in ein herrliches Lichtspiel verwandeln, das farbige Schatten auf die Gegenstände im Raum wirft.

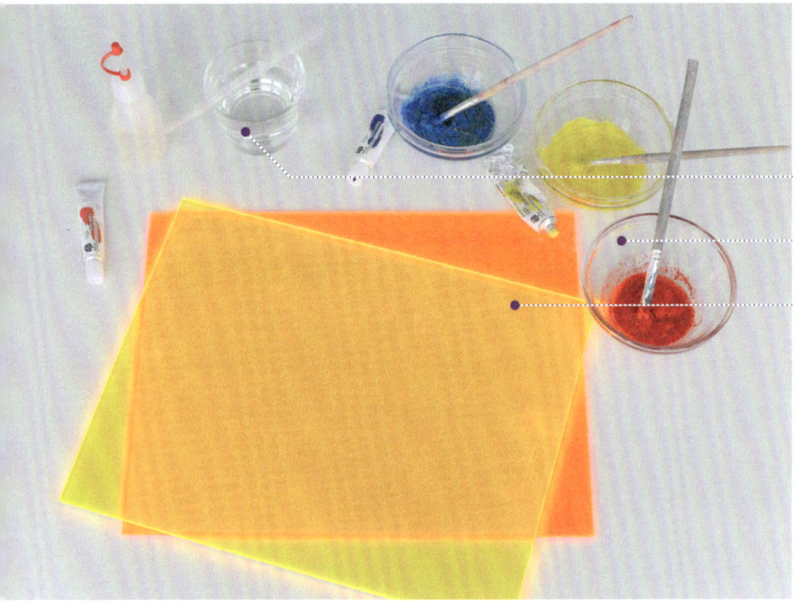

Material

Öl und Wasser

Farben

zwei Acrylglasscheiben

wasserfestes Klebeband

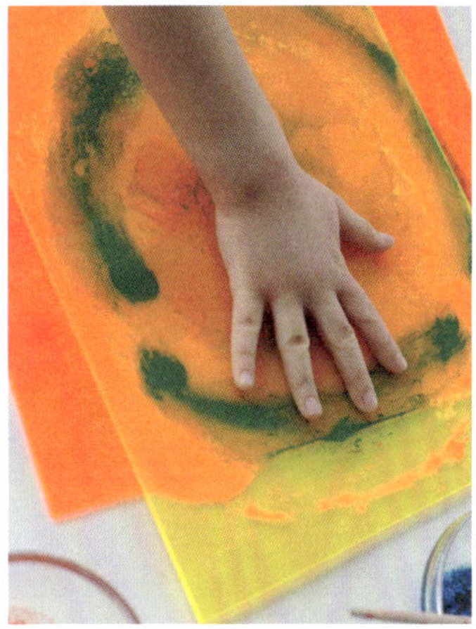

Wasserlauf

Farbige Acrylglasscheiben lassen sich in einen Wasserlauf verwandeln. Dazu schneiden Sie die Scheiben in kleinere Stücke und kleben diese zu drei unterschiedlich großen Tischen zusammen. Stapeln Sie die Tischchen wie eine Pyramide übereinander und stellen Sie darauf eine flache, mit Wasser gefüllte Schüssel. Eine kleine Pumpe aus dem Baumarkt versehen Sie mit einem Schlauch, der am oberen Tischchen befestigt ist. Nun sprudelt das Wasser in Kaskaden über die bunten Platten. Eine Lichtquelle sorgt dafür, dass die Lichtbrechungen, die das Wasser bewirkt, sichtbar werden. Platzieren Sie den kleinen Brunnen doch mal vor dem Fenster, sodass sich das Licht in dem farbigen Material und dem fließenden Wasser fängt. Eine schöne Gelegenheit, zu träumen, dem Plätschern des Wassers zu lauschen und dabei die Farbreflexe im Raum zu beobachten.

S. 104 *Eine kleine Pumpe installieren*

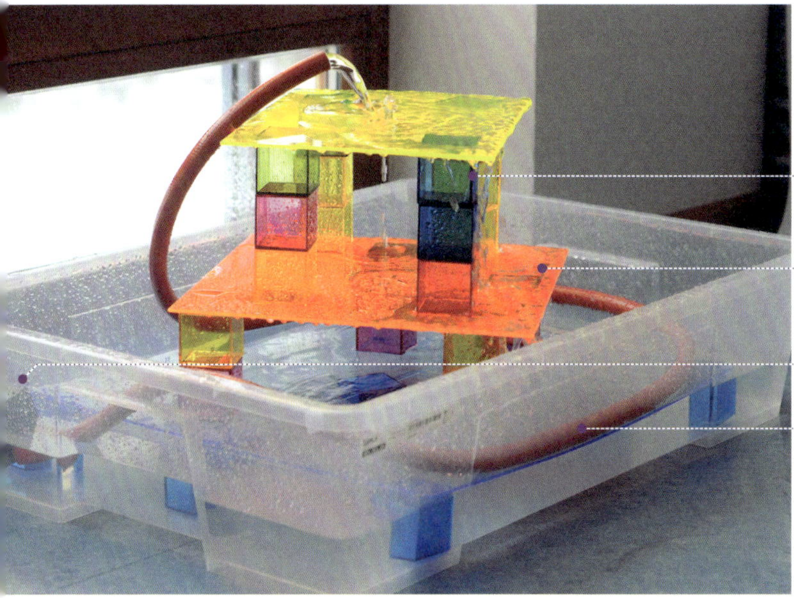

Material

Acrylglasblöcke oder Holzblöcke

Acrylglasscheiben verschiedener Farben

Wasserpumpe

Wasserwanne mit Wasser und Schlauch

Das sollten Sie beachten

1. Füllen Sie aus Hygienegründen bei jeder Benutzung frisches Wasser in die Schale und reinigen Sie die Pumpe regelmäßig.

2. Wasser in Kombination mit Strom kann gefährlich sein. Lassen Sie deshalb die Kinder nicht unbeaufsichtigt mit dem Brunnen spielen.

Riesel-Reis

Schneiden Sie eine Acrylglasscheibe in schmale Streifen gleicher Breite. Tragen Sie nun Sekundenkleber auf die schmale Seite der Streifen auf und kleben Sie diese im 90°-Winkel auf eine liegende Platte, sodass sie verschiedene Schrägen ergeben. Am Rand der Platte befestigen Sie eine Umrandung aus Streifen. Lassen Sie am oberen und unteren Rand ein zwei Zentimeter großes Stück frei. Nun kleben Sie eine weitere große Platte auf die Konstruktion, sodass diese verschlossen wird.

Die nun entstandene durchsichtige Schachtel stellen Sie aufrecht in eine flache Schale.

Nun füllen Sie durch die Öffnung Reis ein. Dieser rieselt über die Bahnen und macht dabei Geräusche. Verschiedenfarbige Platten machen den Anblick interessanter und sorgen im Sonnenlicht für Schatten und Lichtreflexe.

S. 105 *Acrylglas mit Kleber verbinden*

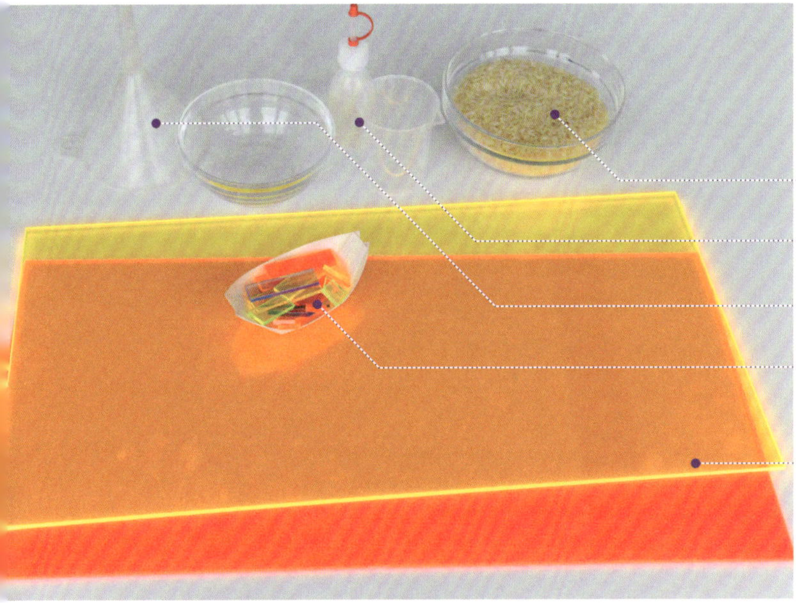

Material

Reis

Sekundenkleber

Trichter

Acrylglasstreifen gleicher Breite

zwei Acrylglasscheiben

Schattenspiel im Bauraum

1 Selbst gebauter Overheadprojektor

2 Murmelbahn

3 Die Stadt bei Nacht erleuchten

4 Licht-Burger

Welches Kind hat nicht schon mal davon geträumt, etwas zu erschaffen, was wie „in echt" daherkommt? Im Bauraum lässt sich dieser Traum verwirklichen, wenn Acrylglasscheiben, Bausteine, Beamer und andere Lichtquellen kombiniert werden.

Am besten ist es, diese Idee zu einem Event weiterzuentwickeln. Also fix den Raum ausräumen und losbauen. Wer möchte, kann sich – wenn die Eltern es erlauben – in der leuchtenden Nachtstadt schlafen legen.

Zuvor wird noch ein einfacher Overheadprojektor nachempfunden und eine Murmelbahn konstruiert. Die Puppen bekommen ein eigenes Puppenhochhaus mit Beleuchtung, Möbeln und allem Drum und Dran ...

Selbst gebauter Overheadprojektor

Ein Overheadprojektor ist ein seltsames Ding mit einem komplizierten Namen. Wer kann sich schon vorstellen, dass man im Kindergarten so ein Gerät selber bauen kann? Aber es funktioniert!

Auf den Boden der Kiste wird eine Spiegelfliese gelegt. Die zweite Spiegelfliese wird schräg an die Kistenwand gelehnt. Auf die untere Spiegelfliese wird die angeschaltete Taschenlampe gelegt, sodass sie auf den schrägen Spiegel scheint.

Die Kiste muss direkt an einer Wand stehen. Auf der Kiste wird die Acrylglasplatte platziert, auf die man nun Acrylglaselemente und Glasmuggelsteine legen kann. Das Bild oder die Umrisse der Gegenstände auf der Platte werden nun an die Wand projiziert.

Wer möchte, kann auf diese Weise sogar ein Schattentheater aufführen.

S. 106 *Einen Overheadprojektor basteln*

Material

Acrylglasscheibe

Plastikwanne/Kiste

zwei Spiegelfliesen

eine starke
Taschenlampe

Acrylglaselemente und
Glasmuggelsteine

Schattenspiel im Bauraum

Murmelbahn

Die unterschiedlich großen und verschieden geformten Lichtplatten regen auch zum Bauen an. Es ist gut, im Bauraum eine Kiste voller Platten bereitzustellen. So können unterschiedlichste Bauwerke entstehen.

Wie wäre es mal mit einer Murmelbahn? Dazu stellen Sie Holzbausteine zu hohen und niedrigen Säulen zusammen. Auf den Säulen balancieren Sie die Platten so aus, dass sie Schrägen bilden.

Diese Konstruktion lässt sich durch den gesamten Raum bauen. Unterschiedlich große Schrägen sorgen für ein Auf und Ab der Holzkugeln, Bälle oder Fahrzeuge. Wer richtig gut baut, kann es schaffen, sein Fahrzeug oder seine Kugel über eine lange Strecke zu bewegen, ohne zwischendurch neu anschubsen zu müssen.

Bis das gelingt, müssen die Kinder eine ganze Weile probieren, balancieren und nachjustieren.

Material

Holzblöcke

Acrylglasscheiben verschiedener Farben

halbierte oder intakte Papprollen

Murmeln

Schattenspiel im Bauraum

Die Stadt bei Nacht erleuchten

Um eine Stadt zu bauen, kombinieren Sie Holzbausteine mit den farbigen, transparenten Acrylglasplatten. Manchmal werden die Platten zu Dächern, manchmal sind sie Fenster oder Wände. In die Bauwerke lassen sich Lichtquellen aus Taschenlampen, Busylights und LEDs integrieren. Dann wird der Raum verdunkelt. Die Stadt beginnt zu leuchten.

Die Aktion eignet sich besonders gut für Kitaübernachtungen. Sie können dann sehr großräumig und über einen längeren Zeitraum hinweg mit den Kindern an der Stadt bauen. Auch das Integrieren der Lichtquellen braucht ein wenig Zeit. Da ist es schön, nicht nach Hause zu müssen, sondern in der erleuchteten Stadt in der Kita übernachten zu können.

S. 107 *Eine LED mit einer Batterie verbinden*

Material

Beamer

Holzbausteine

Acrylglasscheiben und Acrylglaselemente

Lichtquellen verschiedener Farben

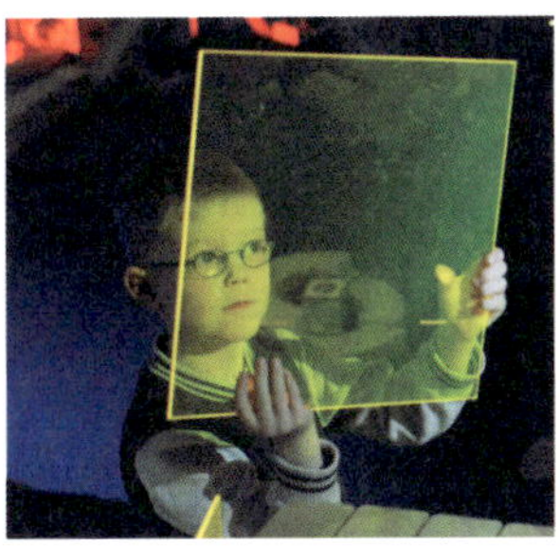

Schattenspiel im Bauraum

Licht-Burger

Lasst uns einen Licht-Burger bauen! Der Super-Mega-Big-Lichtturm entsteht aus Bausteinen und Acrylglasplatten, die übereinandergeschichtet werden. In die Zwischenräume legen Sie Lichtquellen. Wer mit dem „micro:bit“, einem Einplatinencomputer, umzugehen weiß, der kann eine Leuchtschrift programmieren und sie an der höchsten Stelle des Lichtturms anbringen. Zwischen den Platten kann es auch Wohnungen geben, es können dort Pflanzen wachsen und Tiere leben. Wer baut heute den interessantesten Lichtturm? Wir sind gespannt.

Das sollten Sie beachten

Zum Einrichten einer Lichtwohnung können Sie das Puppenhaus plündern. Pflanzen und Tiere basteln Sie miteinander oder sammeln sie aus dem Spielzeugfundus.

Material

Spielfiguren

Holzbausteine

Acrylglasscheiben und Acrylglaselemente

Lichtquellen verschiedener Farben

Bewegung wie von Zauberhand

1 Wettrennen der Wattebäusche

2 Feder-Kletterbahn

3 Konfetti pusten

Es ist toll, sich wie ein Magier zu fühlen. Das ist gar nicht so schwer. Man braucht nur ein paar Tricks, die andere Kinder noch nicht kennen, und schon staunen die anderen.

In diesem Kapitel zeigen wir, was mit statischer Aufladung, kleinen Utensilien und den Acrylglasplatten möglich ist.

Auf jeden Fall funktioniert hier die Schwerkraft nicht mehr. Schnipsel und Wattekugeln klettern an der Acrylglasscheibe nach oben.

Mit diesem Versuchsaufbau lässt sich eine ganze Weile spielen. Danach wird nicht nur aufgeräumt, sondern auch überlegt, worin das Phänomen der statischen Aufladung begründet ist. Wer möchte, kann auf diese Weise ein Projekt beginnen.

Wettrennen der Wattebäusche

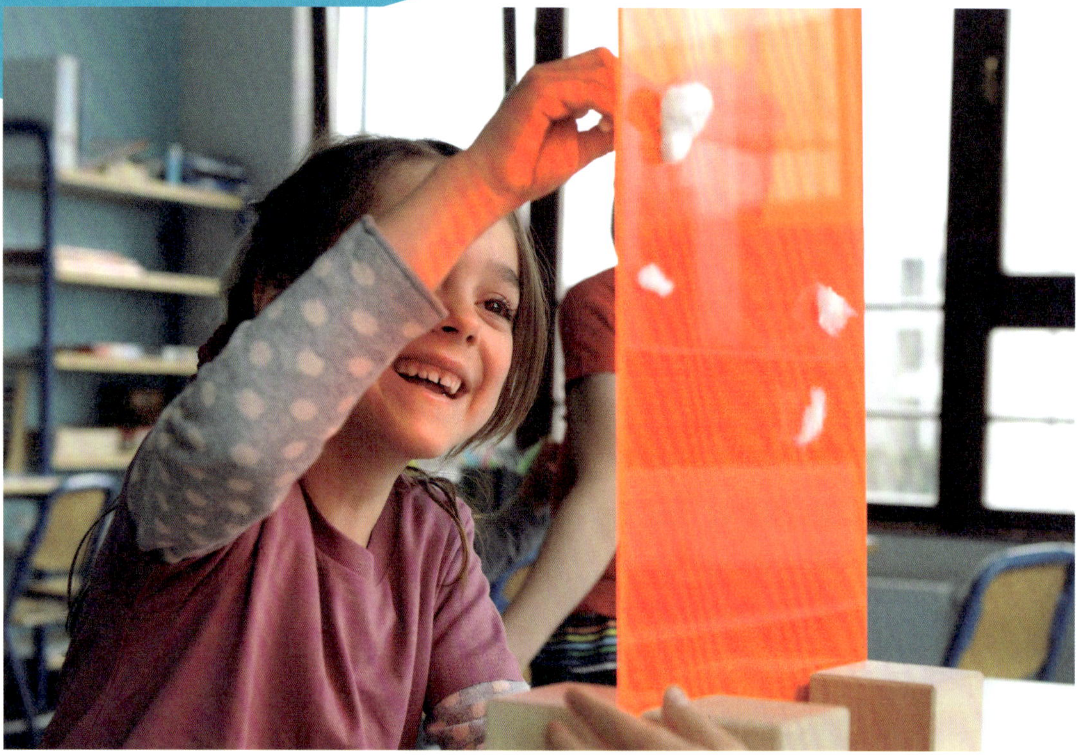

Reiben Sie zuerst zur Veranschaulichung einen Luftballon an einem Wollstoff und halten Sie ihn dann an den Kopf eines Kindes. Es sieht lustig aus, wie die Haare plötzlich nach allen Seiten vom Kopf abstehen. Wenn alle ganz leise sind, kann man sogar Knistergeräusche hören.

Was passiert hier eigentlich und wie können die Kinder dieses Phänomen untersuchen? Stecken Sie dafür die Platte in die Schlitze an den Holzklötzen. Nun versuchen Sie gemeinsam, kleine Wattebäusche ohne Klebstoff oder Wasser an dem Tablett zu befestigen. Das klappt nicht. Wenn die Kinder das Tablett jedoch mit einem Wollstoff reiben, bleiben die Wattebäusche daran haften.

Material

Luftballon

Acrylglasscheibe

Holzklötze

Wattebäusche

Wollstoff

Bewegung wie von Zauberhand

Feder-Kletterbahn

Wiederholen Sie den vorherigen Versuch mit kleinen Federn. An der durch Reibung aufgeladenen Tablettoberfläche beginnen die Federn nach oben zu klettern. Der Versuch lässt sich auch mit kleinen Styroporkugeln wiederholen.

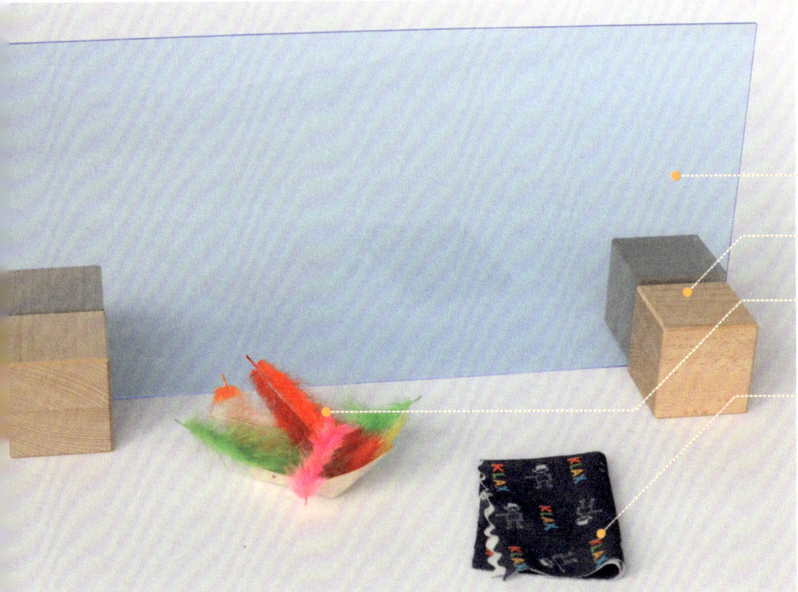

Material

Acrylglasscheibe

Holzklötze

Federn und Styroporkugeln

Wollstoff

Konfetti pusten

Auch Konfetti haftet an der angeriebenen Platte. Mit einem Trinkhalm können die Kinder freie Flächen in die Konfettischicht auf der Platte pusten. Das macht Spaß!

Material

Acrylglasscheibe

Holzklötze

Konfetti

Trinkhalme

Wollstoff

So klappt es

Einen Stop-Motion-Film drehen

1

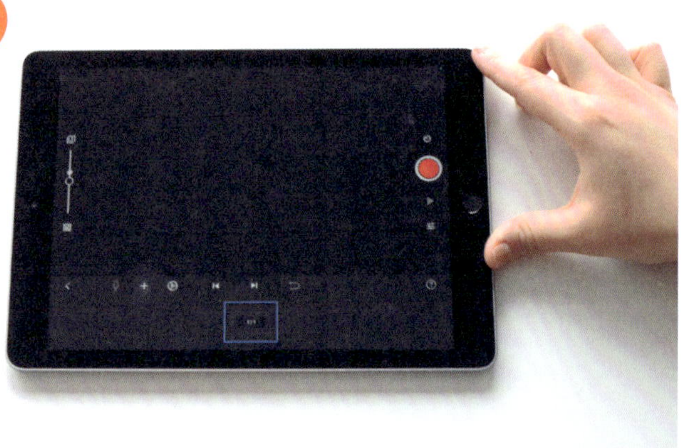

2

1. Für die Erstellung eines Stop-Motion-Films benötigen Sie ein Tablet mit der Stop-Motion-App.

2. Lassen Sie ein Kind bei der Erstellung eines Mandalas den Prozess in Bildern dokumentieren. Achten Sie hierbei darauf, dass sich der Winkel der Kamera nicht verändert. Unterstützend kann eine kleine Staffelei sein.

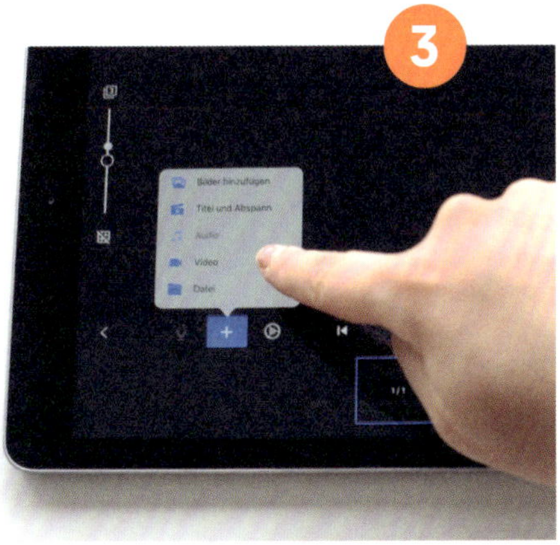

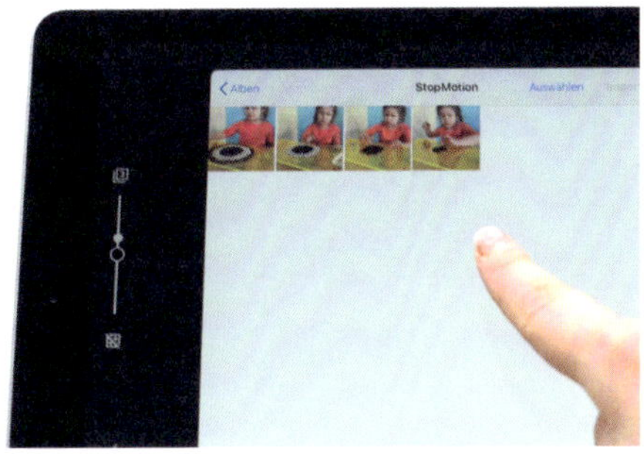

3. Öffnen Sie die Stop-Motion-App und fügen Sie die entstandenen Bilder gemeinsam mit den Kindern ein, sodass ein Film entsteht.

4. Nun können Sie in den Einstellungen das Tempo sowie die Reihenfolge der Bilder festlegen und den Film anschließend speichern.

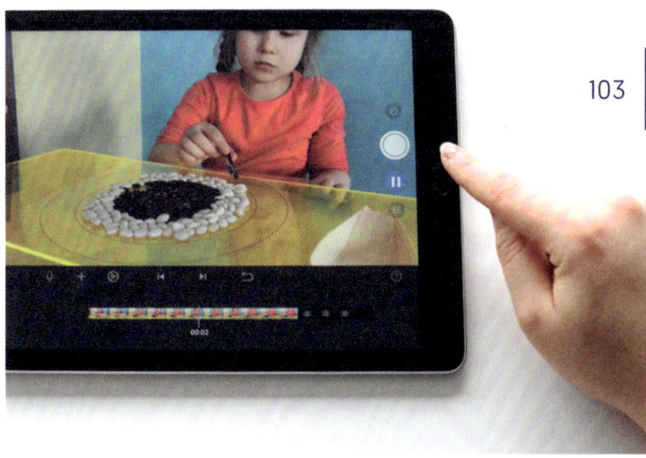

Eine kleine Pumpe installieren

1
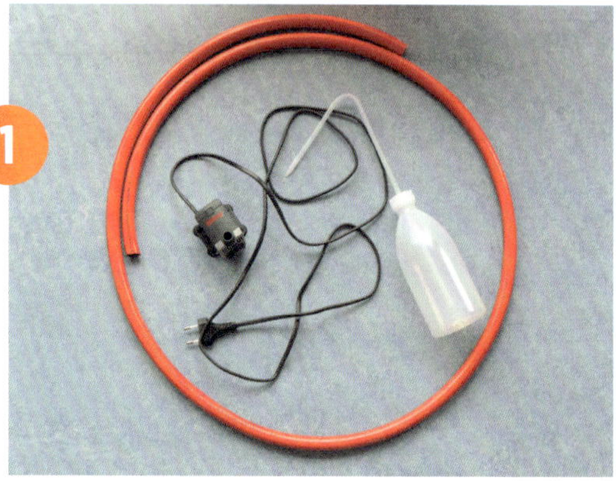

2
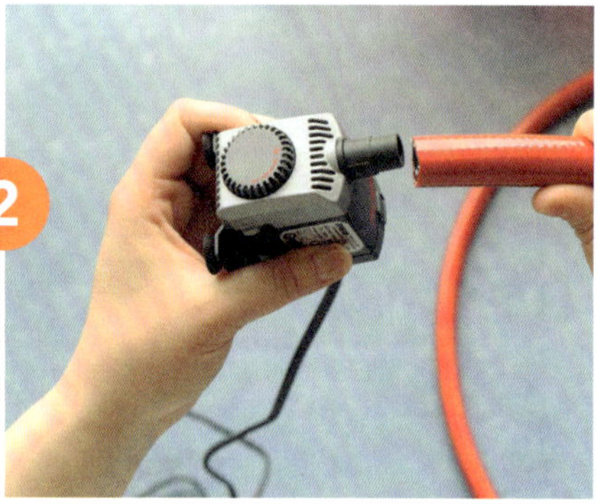

3
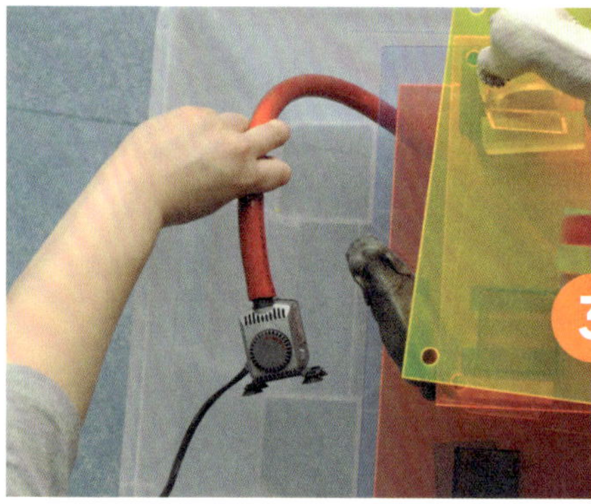

4

5
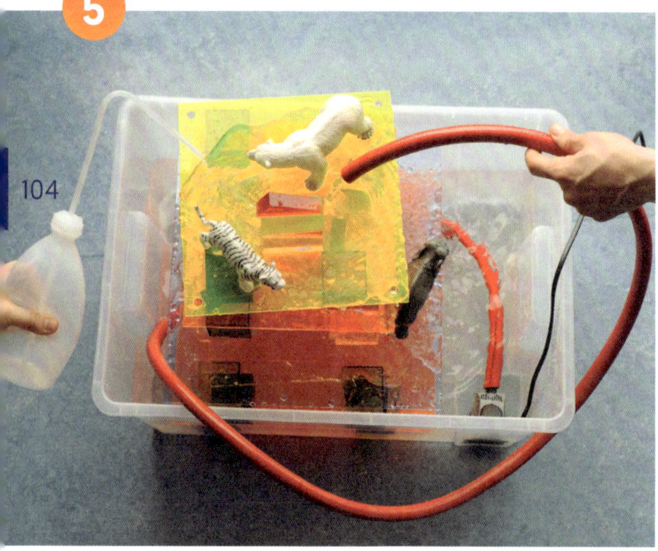

1. Für die Installation einer Pumpe benötigen Sie eine Pumpe, einen Schlauch, Wasser und Strom.

2. Verbinden Sie die Pumpe mit dem Schlauch.

3. Bringen Sie nun die Pumpe an der Kiste so an, dass diese später unter der Wasseroberfläche liegt.

4. Befüllen Sie die Kiste mit genügend Wasser.

5. Nun können Sie die Pumpe anschalten, damit das Wasser durch den Schlauch läuft.

Acrylglas mit Kleber verbinden

1

2

1. Für das Spiel mit dem Rieselreis benötigen Sie kleine Acrylglasscheiben, zwei große Leuchtplatten, Sekundenkleber und Reis.
2. Kleben Sie die kleinen Acrylglasscheiben so auf eine der großen Leuchtplatten, dass eine Rieselbahn entstehen kann.

3
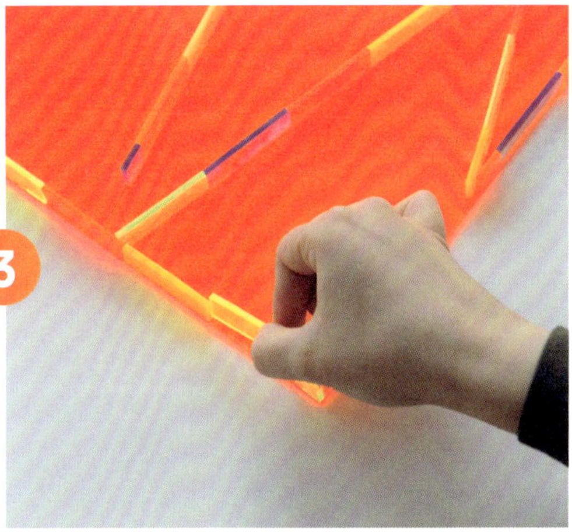

4

3. Kleben Sie einen Rand als Rahmen aus den kleinen Acrylglasscheiben, damit der Reis nicht an den Seiten heraus rieselt. Beachten Sie hierbei, dass am oberen und unteren Rand jeweils eine Lücke gelassen werden muss, damit ein Ein- und Ausgang entsteht.
4. Kleben Sie die zweite große Leuchtplatte nun parallel zur ersten auf. Befüllen Sie nun das Kunstwerk mit Reis und lassen Sie ihn durch die Bahnen rieseln.

Einen Overhead-projektor basteln

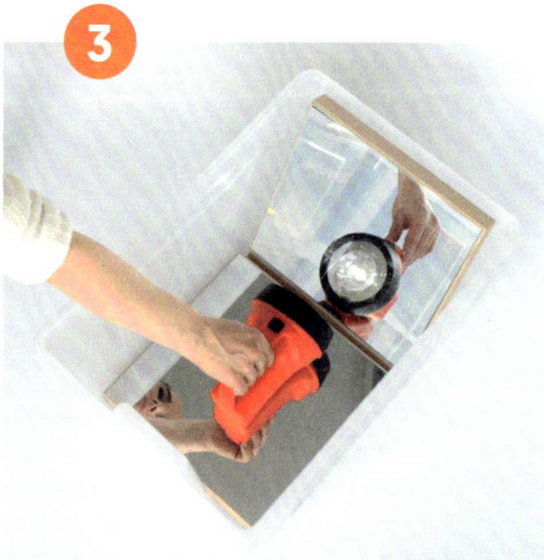

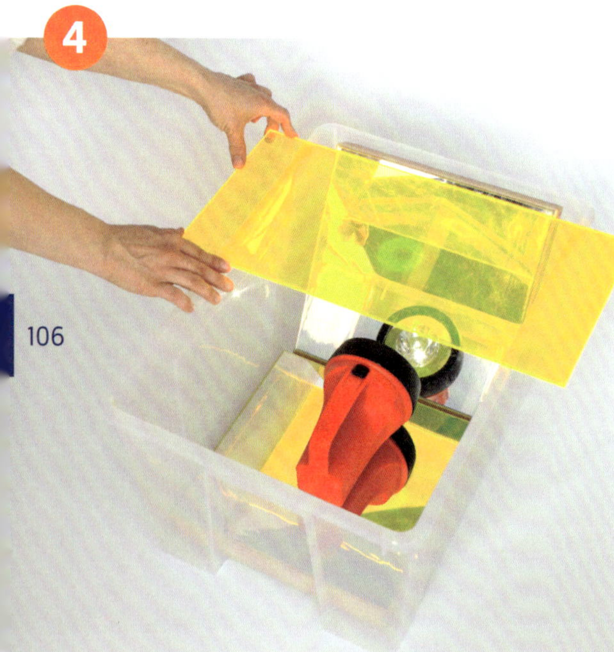

1. Ein Overheadprojektor lässt sich aus vier einzelnen Materialien selbst nachbasteln. Legen Sie einen Spiegel waagerecht in eine große Kiste.

2. Stellen Sie einen weiteren Spiegel diagonal vor den anderen Spiegel.

3. Legen Sie eine Taschenlampe mit hoher Leuchtkraft auf den unteren Spiegel.

4. Legen Sie abschließend eine Leuchtplatte auf die Kiste. Wenn die Taschenlampe eingeschaltet ist, wird das Bild an die Wand projiziert.

Eine LED mit einer Batterie verbinden

1

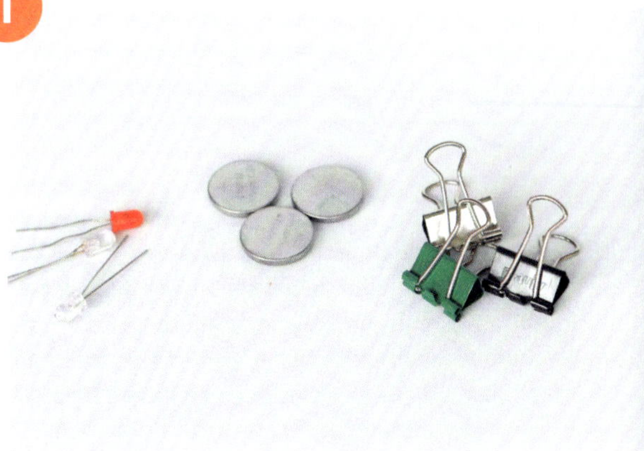

2

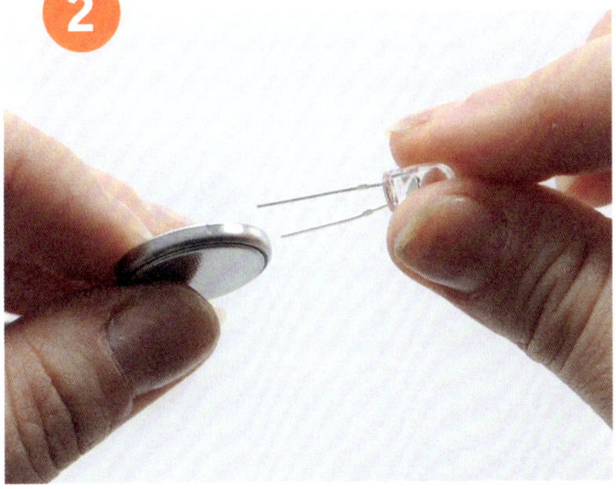

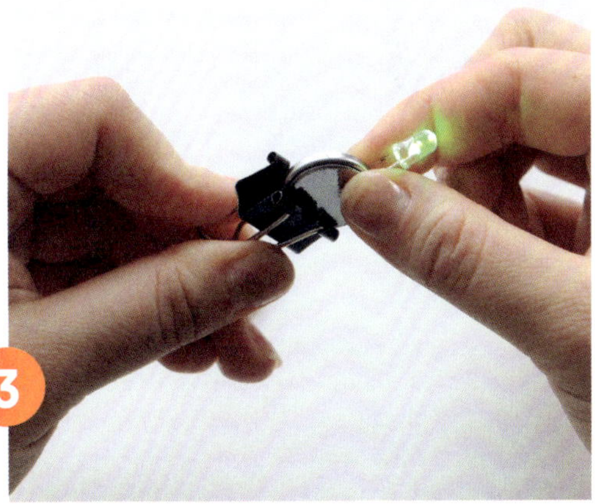

3

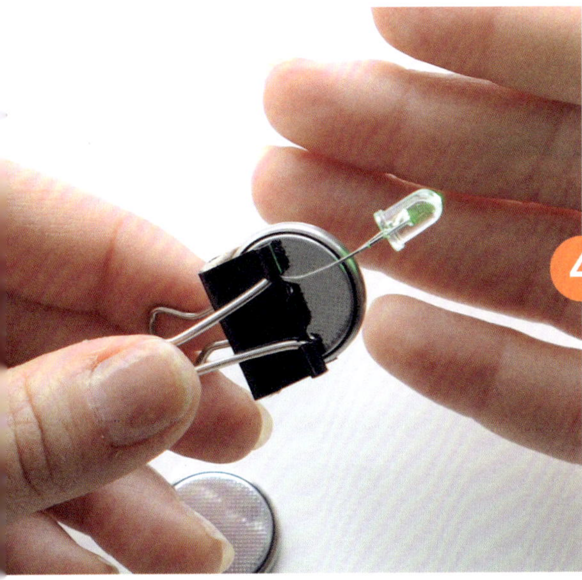

4

1. Legen Sie eine LED, eine Knopfzelle und eine Klammer zum Verbinden bereit.
2. Verbinden Sie die lange Seite der LED mit dem Pluspol der Knopfzelle.
3. Bringen Sie nun die Klammer so an der Knopfzelle an, dass auch die Beinchen der LED mit erfasst werden.
4. Durch Umklappen der Klammerbügel schließt sich der Stromkreis und die LED leuchtet.

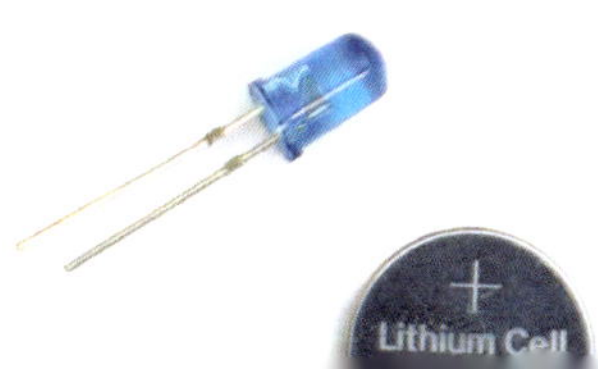

Schlusswort

Lernen in Projekten

Die Welt um uns herum steckt voller Phänomene, die Kinder entdecken, entschlüsseln und verstehen müssen. Im Kindergartenalter wächst die Beobachtungsgabe und der Wissensdurst steigt. Deshalb ist es wichtig, die Angebote auf die Fragen der Kinder abzustimmen und ihnen im Alltag viele Möglichkeiten anzubieten, Antworten zu finden und Erkenntnisse zu gewinnen. Dies lässt sich jedoch nicht linear in der vorgegebenen Struktur der einzelnen Bildungsbereiche realisieren. Wissen entsteht nicht linear, sondern bildet sich wie ein Pilzmyzel im Waldboden aus. Je nach Ereignis und Gelegenheit kommen Wissensteilchen dazu und reichern sich mit neuen Fragen und Antworten aus dem gesamten Spektrum des Alltagslebens eines Kindes an.

Aus diesem Grund sind Lerntabletts im Kindergarten in einem viel größeren Rahmen einsetzbar als nur in einfachen, kleinen Übungen. Sie können der Ausgangspunkt oder der Abschluss eines Bildungsprojektes sein. Wenn sie im Verlauf von Projekten zum Einsatz kommen, schaffen die dadurch angeregten Übungen häufig die Verbindung von mehreren Lernbereichen.

Einigt sich die Kindergartengruppe auf ein zu erforschendes Thema, wird nicht nur allerlei Material dafür zusammengetragen und ausgestellt. Für ein gelungenes Projekt braucht es viel mehr: Es braucht Ausflüge zu den Orten, die entsprechendes Wissen anbieten, zum Beispiel Museen. Es braucht Gespräche mit Expertinnen und Experten, es braucht Übungen und Materialuntersuchungen, Ausstellungen von Materialien, die angefasst werden dürfen. Auch Filme und nachgespielte Ereignisse sind hilfreich.

Mit den Aktionstabletts aus diesem Buch lassen sich Lernprojekte gezielt unterstützen. Ihre faszinierende Beschaffenheit erregt Aufmerksamkeit. Das Material ist robust und lässt sich vielfältig benutzen.

Lerntabletts allein reichen jedoch nicht aus. Es braucht auch fachlich übergreifende Projektstrukturen, die den Fragen der Kinder folgen. Sie müssen über die räumlichen Grenzen des Kindergartens hinausgehen und dabei Fachleute und externe Lernorte einbinden. Die wichtigste Voraussetzung jedoch sind lernbegeisterte Frühpädagoginnen und -pädagogen, die es lieben, solche Lernabenteuer zu inszenieren und zu begleiten.

Die Autorin

Antje Bostelmann, 1960 in Rostock geboren, ist ausgebildete Krippenerzieherin und Gründerin von Klax. Das von ihr entwickelte Konzept der Klax-Pädagogik findet in zahlreichen Bildungseinrichtungen in ganz Europa Anwendung. Antje Bostelmann berät Unternehmen und Institutionen bei der Umsetzung moderner Bildungskonzepte und teilt ihr Wissen und ihre langjährige praktische Erfahrung in Workshops, Seminaren und auf Kongressen. Sie gilt als Vorreiterin für die Anerkennung der Bildungsarbeit in der Frühpädagogik und den sinnvollen Einsatz digitaler Medien in Kindergarten und Schule. Sie hat zahlreiche Spiel- und Lernmaterialien entwickelt und über 50 pädagogische Fachbücher veröffentlicht, darunter viele Bestseller. Antje Bostelmann ist Mutter von drei erwachsenen Kindern und lebt in Berlin.

Danksagung

Ein großer Dank gilt den Pädagoginnen und Pädagogen der Klax Vorschule Regenbogenhaus, die alle Projekte sehr engagiert geplant und umgesetzt haben, sowie den neugierigen und begeisterten Kindern. Vielen Dank an Susan Richter, die Leiterin des Regenbogenhauses, die viele Ideen zu diesem Buch beigetragen hat und im stetigen Austausch mit mir stand.

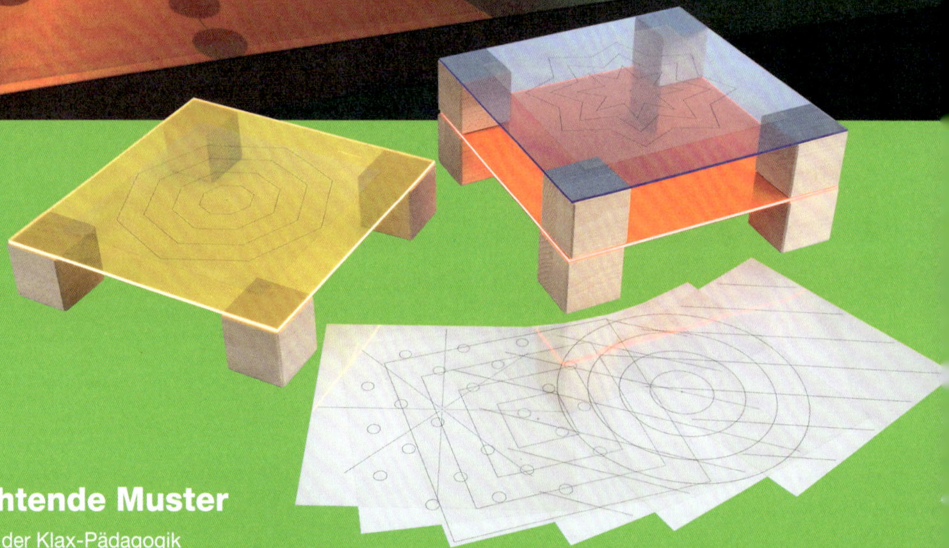